Gerhard Reiter

Live!

Singen und Musizieren
mit der ganzen Klasse

Basic Beats

14 Spielstücke für Bodypercussion und Rhythmus-Instrumente

HELBLING

Rum / Innsbruck · Esslingen

Inhalt

Zu diesem Spielheft ist eine CD+ erhältlich. Sie enthält Originalaufnahmen aller 14 Titel, z.T. in vokaler und instrumentaler Version. Zu den Soloteilen sind Playbacks als Übetracks vorhanden. Videoclips demonstrieren Haltung und Spieltechnik aller im Heft vorkommenden Trommeln und Percussion-Instrumente.
HI-S5575CD
ISBN 10: 3-85061-299-6
ISBN 13: 978-3-85061-299-9

Vorwort

Rhythmus in der Gruppe bringt Freude, stärkt das Zusammenspiel und fördert die Kreativität. Rhythmusarbeit bietet die Chance, auch eine heterogene Gruppe von Schülern ohne Instrumentalspiel-Kenntnisse einerseits bis zu geübteren Musikern andererseits gemeinsam in ein lustvolles Musizieren zu integrieren und dabei jedem Mitspieler individuelle Lernfortschritte zu ermöglichen.

Der vorliegende Band enthält kleine Percussion-Stücke zum Gruppenmusizieren, die speziell für die Unterrichtspraxis an Schule und Musikschule konzipiert sind und ohne großen räumlichen und instrumentalen Aufwand leicht in den alltäglichen Unterrichtsablauf integriert werden können. Die vielfältigen Rhythmus-Stücke haben unterschiedliche Schwierigkeitsgrade und können auch in progressiver Reihenfolge (siehe unten) als aufbauendes Rhythmustraining eingesetzt werden.

Vokalstücke in Silbensprache oder mit schülernahen Texten, unterstützt durch Body-Percussion, bringen Spaß und bereiten das Spielen auf Instrumenten vor. Zu allen Titeln gibt es Vorschläge für alternative Spielvarianten mit einem »Instrumentarium« aus Alltagsgegenständen oder mit Trommeln und Percussion-Instrumenten. Die Spieltechnik der Instrumental-Klänge wird anschaulich erläutert und ist leicht erlernbar. Eine Hilfe bietet auch die zum Heft erhältliche CD+, auf der in Videoclips Haltung und Spieltechnik der verwendeten Instrumente demonstriert werden.

Rhythmus-erfahrenere Schüler erhalten Gelegenheit zum solistischen Improvisieren und können auch Ensembleleitungsaufgaben übernehmen. Darüber hinaus bleibt viel Spielraum für Eigenkreativität, sowohl, was die Instrumentierung als auch, was die Aufführungspraxis betrifft. So eignen sich einige Titel für szenische Gestaltungen, bei anderen bietet es sich an, das Material in Einzelsequenzen aufzuteilen und je nach Bedarf zu reduzieren oder zu erweitern.

Die CD+ (HI-S5575CD, ISBN 3-85061-299-6) enthält Vollaufnahmen aller Stücke in z.T. unterschiedlichen Besetzungsvarianten sowie Übetracks als Rhythmusgrundlage für das eigene Improvisieren. Kurze Videoclips führen anschaulich in die Spieltechnik des vielfältigen Instrumentariums ein.

Progressive Reihenfolge

Einsteiger	**Kung Fu**	Stimme, Bodypercussion, Tische (Optional: Klangstäbe, Woodblocks, Trommeln)	20
Einsteiger	**Pizzabäcker**	Stimme, Tische, Stühle, Pfannen und andere Alltagsgegenstände (Optional: Trommeln, Percussion-Instrumente)	34
leicht	**Früchte-Cocktail**	Stimme (Optional: Bodypercussion, Alltagsgegenstände, Trommeln, Percussion-Instrumente, szenische Gestaltung)	24
leicht	**Power Change 1**	Trommeln, Holz- und Metall-Percussion (Optional: Alltagsgegenstände)	22
leicht	**Volleyball**	Stimme, Bodypercussion	18
leicht	**Basic Beats**	Trommeln, Cajon (Optional: Percussion-Instrumente, Alltagsgegenstände)	16
mittelschwer	**Pharao**	Stimme, Bodypercussion (Optional: Small-Percussion, Trommeln, Alltagsgegenstände, szenische Gestaltung)	38
mittelschwer	**Krawall Pizza**	Stimme, drei Glocken, Alltagsgegenstände (Optional: Alltagsgegenstände, Trommeln)	42
mittelschwer	**Table Games**	Stimme, Bodypercussion, Tische (Optional: Trommeln)	31
mittelschwer	**Hey**	Stimme, Bodypercussion	13
mittelschwer	**Das minimale Vokaltrio**	Stimme, Bodypercussion (Optional: Gesungen)	28
Fortgeschrittene	**Cool Rap**	Stimme, Bodypercussion, drei Glocken	10
Fortgeschrittene	**Power Change 2**	Stimme, Bodypercussion, Tische	36
Fortgeschrittene	**Somehow Tradition**	Stimme (Optional: Trommeln, Glocke, Alltagsgegenstände)	45

Trommeln und Percussion-Instrumente

A. Schlaginstrumente mit Fell

Mit Melodieinstrumenten wie z.B. Flöte, Geige, Klarinette oder auch mit der Stimme werden auf unterschiedliche Art Töne, d.h. Tonhöhen erzeugt. Wie gut diese Töne klingen, ist abhängig von der Übung und Erfahrung des Spielenden auf dem entsprechenden Instrument.
Bei Schlaginstrumenten mit Fellen[1], den Trommeln, verhält es sich ähnlich, lediglich werden in der Regel nicht Tonhöhen, sondern Klänge erzeugt. Um diese Klänge gut tönen zu lassen, ist ebensoviel Spieltechnik erforderlich wie bei anderen Instrumenten. Zwei bis drei Klänge können auf Trommeln jedoch relativ leicht erlernt werden.
So gibt es drei Positionen auf dem Trommelfell, die üblicherweise bespielt werden: Position A, B und C (vgl. Grafik). Für das hier vorgeschlagene System der Spielpositionen lassen sich zwei Typen von Trommeln unterscheiden.

Trommeln Typ I, z.B. Conga, Djembe, Cajon

Diese Instrumente gehören zu den sogenannten **symmetrisch gespielten Trommeln,** d.h. sowohl die rechte als auch die linke Hand können dieselben Klänge erzeugen. Dazu zählt auch das Cajon, eine Holzkiste, die zwar ohne Fell gebaut ist, aber dennoch zu den Felltrommeln zählt, da sie deren Spiel imitiert und über dieselbe Spieltechnik verfügt.

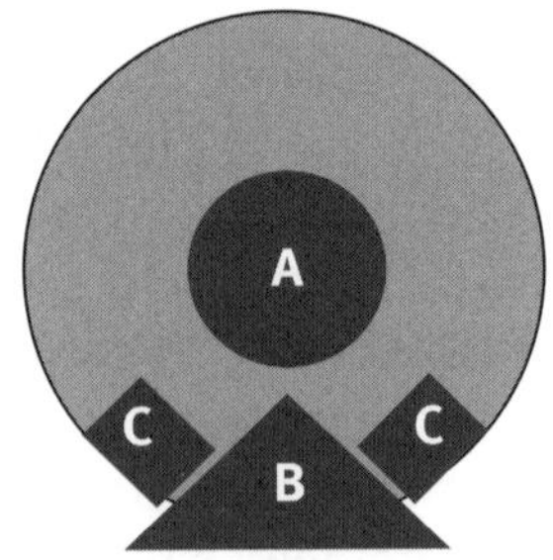

- **Position A** befindet sich im Zentrum der Trommel und wird mit der ganzen flachen Hand gespielt.
- **Positon B** entsteht, wenn die Hände (inkl. dem Daumen) ein gleichschenkliges Dreieck bilden und so auf dem Fell liegen, dass die Daumen außerhalb des Fellrandes bleiben.
- **Position C** erhält man durch Herausziehen der Hände, sodass nur mehr die Fingerspitzen den Rand des Felles berühren.

Wenn nun die entsprechenden Stellen angeschlagen werden, erhält man drei Klänge, nämlich von innen nach außen einen tiefen, mittleren und hohen Klang.
Wir nennen diese Klänge folgendermaßen:

Position A = *dum* (tiefer Klang)
Position B = *tak* (mittlerer Klang)
Position C = *tik* (hoher Klang)[2]

Ausnahmen:
Bei Verwendung von zwei Congas kann *dum* in der B-Position der tieferen Conga gespielt werden.

[1] Schlaginstrumente mit Fellen nennt man gemeinhin Trommeln, solche ohne Fell Percussion-Instrumente oder Small-Percussion.
[2] Traditionellerweise wird der Klang *tik* nicht in der C-Position gespielt, sondern als so genannter Slap, ein Peitschenknallschlag, der für Anfänger jedoch sehr schwer zu erzeugen ist. Deshalb ist anzuraten, ihn in der Schulsituation durch oben beschriebenen Schlag zu ersetzen.
Alle Spieltechniken und Positionen sind in den Videoclips auf der CD+ demonstriert (HI-S5575CD).

Conga

Djembe

Cajon

Bongos

Bei **Bongos** liegt *dum* in der B-Position der tieferen Trommel, *tak* in der B-Position und *tik* in der C-Position der höheren Trommel. Da die Felle sehr klein sind, schlägt man nicht mit der ganzen Hand, sondern lediglich mit den Zeigefingern (die anderen Finger werden weggespreizt).

Trommeln Typ II, z.B. Hand- bzw. Rahmentrommel, Darabukka

Diese Instrumente gehören zu den sogenannten **asymmetrisch gespielten Trommeln,** das sind Trommeln, bei denen rechte und linke Hand nicht dieselben Klänge erzeugen. Dazu zählen Framedrums, auch Hand- oder Rahmentrommeln genannt, und die orientalische Darabukka. Traditionell werden diese Trommeln auf den linken Schenkel gelegt oder in der linken Hand gehalten, wodurch Akzente fast ausschließlich mit der rechten Hand erzeugt werden (= asymmetrisch).

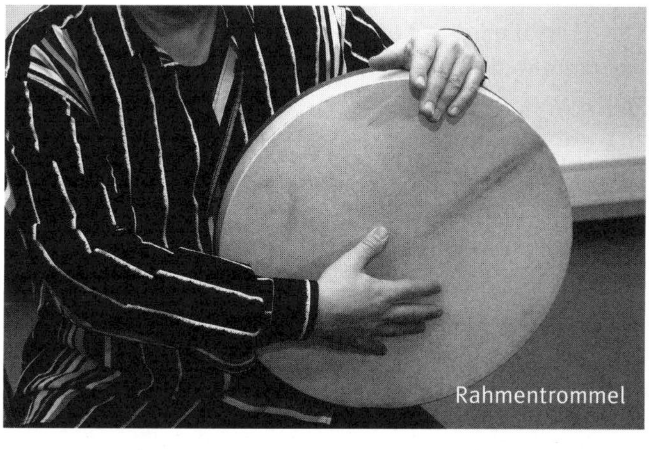
Rahmentrommel

Bei diesen Trommeln tritt das Phänomen auf, dass Position A und B beinahe identisch klingen, weshalb man zu einer kleinen List greift: Man verschiebt die

Darabukka

Spielpositionen um eine Ebene. Demzufolge erhält man das *dum* durch Bespielen der B-Position, *tak* durch Bespielen der C-Position (bei den asymmetrischen Trommeln ist das traditionell üblich), und *tik* oder ein anders klingendes *tak* durch Bespielen der A-Position. Damit dieser Klang aber nicht wie *dum* tönt, muss der Schlag abgedämpft werden (vgl. »Spieltechnik für Trommeln«).

Position B = *dum*
Position C = *tak*
Position A = *tik* oder *tak* (die A-Position wird nur abgedämpft gespielt)

Spieltechnik für Trommeln

Generell werden alle Schläge (außer Position A bei Typ II) so ausgeführt, dass das Fell nicht abgedämpft wird, sondern weiterschwingen kann, d.h. die Hand federt nach dem Schlag zurück. Wichtig ist: Trommeln werden mittels Schwung gespielt. Den Schwung erhält man, indem man *vor* dem Schlag eine Bewegung *weg* vom Fell macht und dann – ohne Druck – die Hand fallen lässt. Es verhält sich also wie bei einem Trampolin:

1. Schwung holen
2. fallen lassen
3. ein kleines Stück zurückfedern

Das Handgelenk und die Finger werden dabei steif gehalten, und der gesamte Unterarm (bis zum Ellenbogen) führt die Bewegung aus.
Einzig das *tik* (Typ II, A-Position) *muss* abgedämpft werden. Um das zu erreichen, wird das Handgelenk ganz locker gehalten (wie beim Winken), und die Finger bleiben *nach* dem Schlag am Fell liegen.

B. Percussion-Instrumente oder Small-Percussion

Es gibt unzählige Percussion-Instrumente, also Schlaginstrumente ohne Fell aus Holz oder Metall, auch Small-Percussion genannt. Zu den Holz-Percussion-Instrumenten zählen z.B. Claves, Guiro oder Woodblocks, zur Small-Percussion aus Metall gehören u.a. Triangel, Cowbell oder Agogo.

Spieltechnik für Percussion-Instrumente[3]

Claves
Claves sind zwei Rundhölzer mit jeweils ca. 20 cm Länge. Eines liegt in der nach oben leicht geöffneten halbrunden linken Hand, die rechte Hand schlägt mit dem anderen Holz im 90°-Winkel mittig darauf.

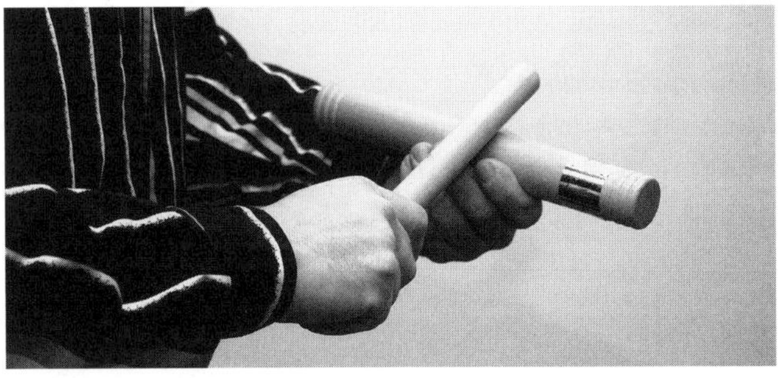

Guiro (auch Schrapper, Gurke oder Fisch genannt)
Der Guiro ist aus Kürbis oder Holz, heute auch aus Fiberglas. Er wird in der linken Hand gehalten. Die rechte Hand streicht mittels eines dünnen Stabes über die Rillen.

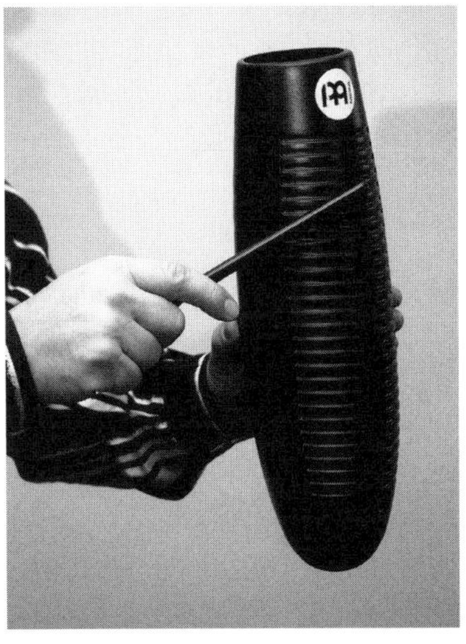

[3] Alle Spieltechniken und Positionen sind in den Videoclips auf der CD+ demonstriert (HI-S5575CD).

Woodblock
Woodblocks werden meist auf einem Gestänge befestigt, man kann sie aber auch in der linken Hand halten. Die rechte Hand schlägt mit einem Stick (ein Stab, wie er auch zum Schlagzeugspielen verwendet wird).

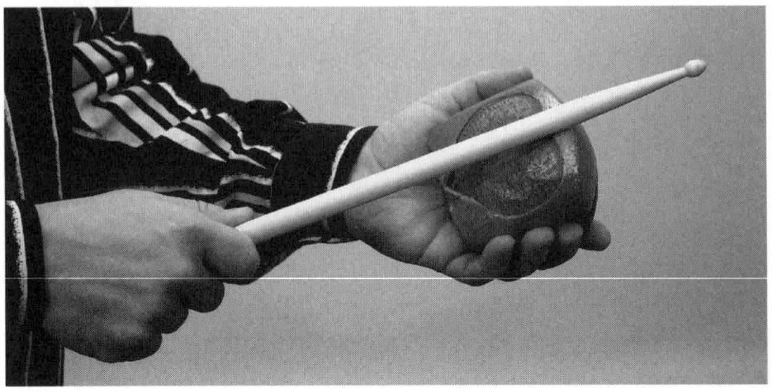

Maracas
Maracas sind Rasseln aus Kürbis, Holz oder Plastik. Jede Hand hält eine. Sie werden durch Schütteln (ganz kleine Bewegungen aus dem Handgelenk) gespielt.

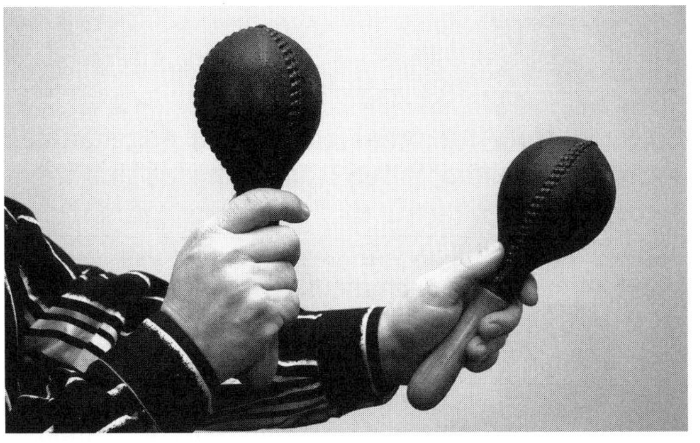

Glocke (Cowbell)
Die Glocke wird in der linken Hand gehalten, der Glockenmund weist weg vom Körper. Die rechte Hand hält einen Stick.
tak (hoch): Die Spitze des Sticks schlägt in die Mitte der Glocke.
dum (tief): Der Stick schlägt im oberen Drittel flach auf den Glockenmund. Zur Erleichterung bewegt die linke Hand dabei die Glocke ein wenig nach oben.

Cabasa
Die Cabasa liegt in der linken Handfläche. Die rechte Hand bewegt den Stiel des Instruments leicht nach links und rechts. Achtung: Hier ist nur eine Tonhöhe möglich!

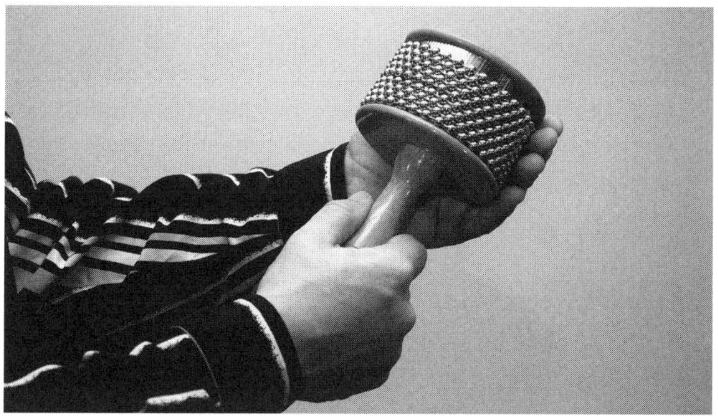

Schellenring
Der Schellenring ist ein Rahmen mit kleinen Metallbecken. Er wird fest in der rechten Hand gehalten und hin und her bewegt. Durch Anschlagen an den linken Handballen kann ein Akzent erzeugt werden.

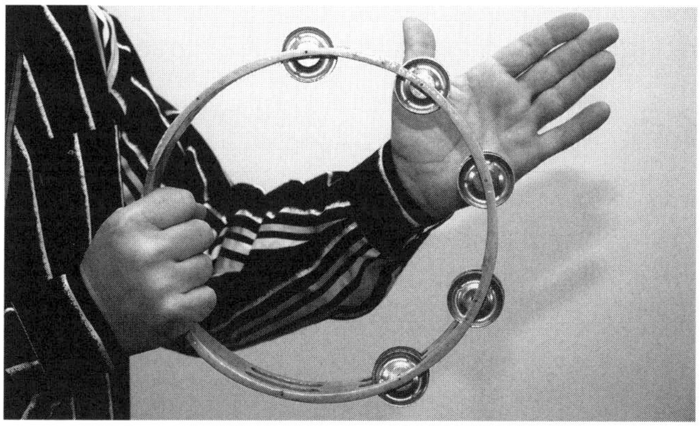

Talking Drum
Die Talking Drum gehört eigentlich zu den Trommeln und ist ein fantastisches Instrument, um solistisch zu agieren. Sie wird unter die linken Achsel geklemmt (im Sitzen kann die Trommel dazu auch auf dem linken Schenkel aufliegen), die rechte Hand schlägt mit einem gebogenen Stick in die Mitte des Fells. Durch Pressen mit dem linken Arm wird die Fellspannung – und dadurch die Tonhöhe – verändert.

Agogo
Die Agogo ist eine metallene Doppelglocke, die in der linken Hand gehalten und mittels eines Sticks mit der rechten Hand gespielt wird. Es können zwei Klänge (tief und hoch) durch Bespielen der großen oder kleinen Glocke produziert werden.
Zusätzlich kann bei manchen Agogos durch Zusammenpressen des Metallbügels mit der linken Hand noch ein dritter Klang erzeugt werden.

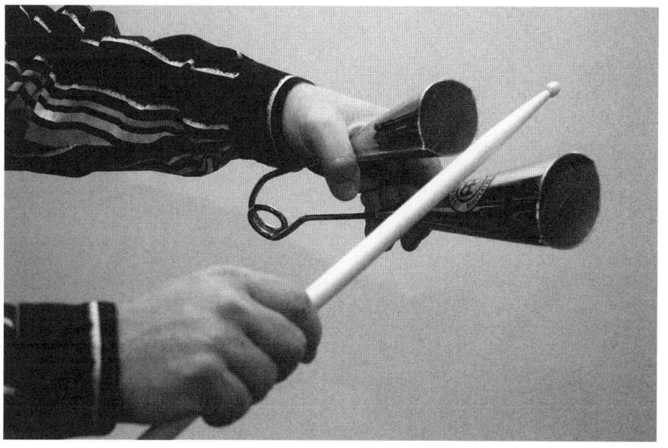

Triangel
Die Triangel wird am linken Ring- oder Mittelfinger aufgelegt und mit einem Metallstab in der rechten Hand gespielt. Traditionell spielt man am unteren Schenkel den Beat und an einem der Seitenschenkel den Offbeat. Durch Schließen der Finger der linken Hand zu einer Faust entsteht beim Anschlagen ein abgedämpfter Ton.

Der Handsatz – oder: Mit welcher Hand muss ich spielen

Bei Instrumenten wie Klavier, Geige, Gitarre usw. gibt es zu jedem Musikstück einen »Fingersatz«, der das flüssige Spielen sehr erleichtert.
Ähnlich verhält es sich bei den Trommeln, nur kommt es hier meist nicht auf die Finger, sondern auf die Hände an, also den Wechsel zwischen rechter und linker Hand. Diese Abfolge der zu verwendenden Hände wird »Handsatz« genannt. Unterschiedliche Spieltechniken verlangen unterschiedliche, manchmal auch ungewöhnliche Handsätze. Solche Fälle sind im vorliegenden Heft immer genau angegeben (R für rechte Hand, L für linke Hand).

Die »Hand-to-Hand«-Technik

Die »Hand-to-Hand«-Spielweise ist dabei eine der grundlegendsten und wichtigsten Techniken. Sie bedeutet, dass alle Achtel abwechselnd mit rechter und linker Hand zu spielen sind. Bei einem durchlaufenden Achtelpuls wird der Beat (= graue Kästchen) immer mit der rechten Hand gespielt, der Offbeat (= weiße Kästchen) immer mit der linken Hand[4]:

R	L	R	L	R	L	R	L
x	x	x	x	x	x	x	x
1	+	2	+	3	+	4	+

Auch wenn in einem Rhythmus nicht alle Achtel gespielt werden, verwendet man genau die Hand, die man für fortlaufende Achtel gebrauchen würde, z.B.:

R	L	R	L	R	L	R	L
x			x	x		x	
1	+	2	+	3	+	4	+

Die zu verwendenden Hände bei diesem punktierten Rhythmus sind demzufolge R L R R.

Etwas schwieriger wird es, wenn Sechzehntelnoten vorkommen. Generell kann jedoch gesagt werden, dass wiederum Hand-to-Hand gespielt wird, d.h. diejenige Hand spielt, die bei einer fortlaufenden Folge von Sechzehntelnoten an der Reihe wäre:

R L	R L	R L	R L	R L	R L	R L	R L
x	x x	x	x x		x	x x	x
1	+	2	+	3	+	4	+

Improvisation

Auch Improvisation unterliegt gewissen Gesetzmäßigkeiten und verfügt über »Ankerpunkte«. Unter Berücksichtigung folgender »Spielregeln« lassen sich Elemente des Improvisierens leicht erlernen.

Silben

Silben werden als Hilfe zur Darstellung von Rhythmen aller Kulturen verwendet. In diesem Heft findet ihr folgende weit verbreitete Silben, die den beschriebenen Klängen auf den Trommeln entsprechen:

tik **für hohe Klänge**
tak **für mittlere Klänge** (oder falls nur eine Tonhöhe erzeugt werden kann oder soll)
dum **für tiefe Klänge**

Diese Silben stehen für Viertelnoten oder noch größere Notenwerte.
Sollen Achtelnoten oder kleinere Notenwerte dargestellt werden, verwendet man die Silben ***tiki, taka*** oder ***duru.***

Der Puls

Als Puls bezeichnet man den kleinsten Notenwert eines Rhythmus', der durchgehend gefühlt wird. Wenn also beispielsweise als kleinster Notenwert eine Achtelnote vorkommt, besteht der Puls aus 8 Achtelnoten pro Takt.
Zur Übung ist es gut, den Achtelpuls eines Stückes zu spüren und ihn einige Zeit lang zu spielen (beim Trommeln immer mit der rechten und linken Hand abwechselnd spielen, also »Hand-to-Hand«).

[4] Jedes Kästchen steht für eine Achtelnote, nach 2 Kästchen (= eine Viertelnote) steht ein längerer Strich.

Veränderung des Pulses

Der Puls kann auf mehrere Arten verändert werden:

1. Veränderung des Klanges (hohe und tiefe Klänge), z.B.:

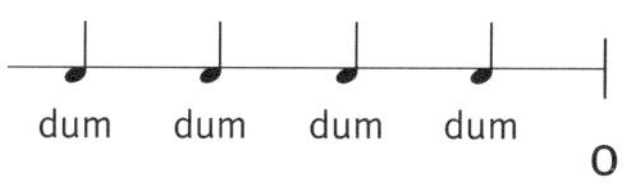

oder

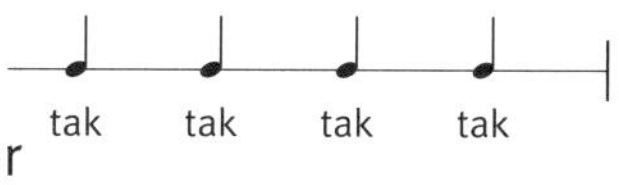

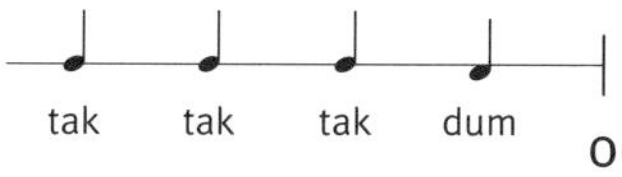

oder

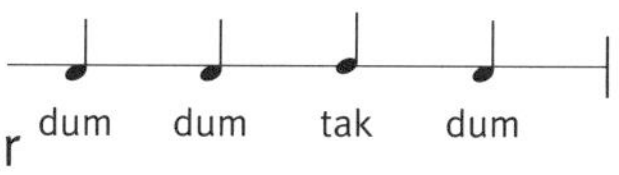

2. Auslassen oder Verdoppeln von Pulsschlägen, z.B.:

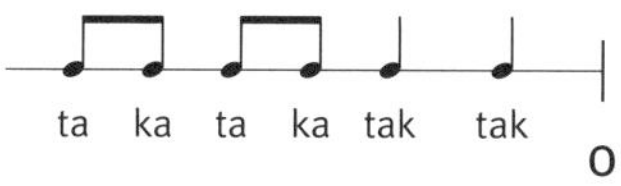

oder

3. Vermischen von 1 und 2

Umspielung der Grundrhythmen

Improvisation heißt nicht, in kurzer Zeit möglichst viele Schläge unterzubringen, sondern sensibel auf die Grundrhythmen zu reagieren, also *miteinander* zu spielen. Wenn ein Rhythmus z.B.

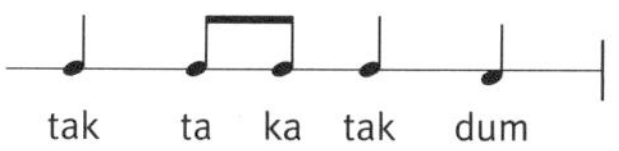

lautet, könnte der Solist z.B. folgende rhythmische Figuren spielen:

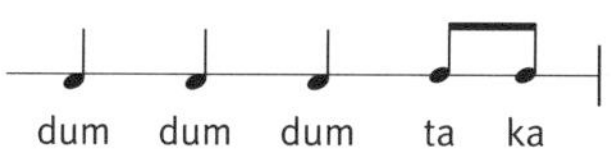

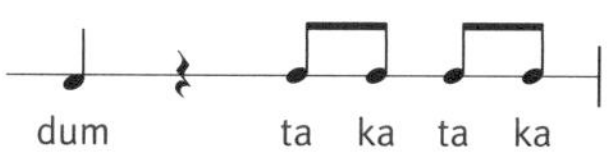

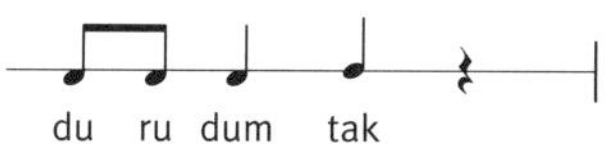

Improvisatorisches Gespräch

Spielregeln:

1. Führt beim solistischen Spiel ein Zwiegespräch mit euch selbst.
2. Denkt dabei an Frage und Antwort.
3. Bildet kurze »Sätze« – also musikalische Phrasen – und macht nach jeder Phrase einen Punkt, ein Komma, Ausrufzeichen oder Fragezeichen!
4. Lasst Pausen! Auch wenn es nur schwer zu glauben sein mag, die Pausen sind beim improvisierten Solo wichtiger als das, was ihr spielt.

Bei all dem gibt es nur eine einzige Grundregel: Ihr müsst immer den Puls spüren!

Geeignete Soloinstrumente

Im Grunde kann mit jedem Instrument, jeder Trommel, jedem Alltagsgegenstand und jedem Percussion-Instrument solistisch improvisiert werden. Allerdings gibt es einige Trommeln und Spieltechniken, die das Spiel erleichtern:

Talking Drum

Bei der Talking Drum braucht ihr nicht auf die Tonerzeugung zu achten. Ihr schlagt lediglich auf das Fell, die Tonhöhe bekommt ihr durch Pressen mit dem linken Arm.

Congas mit Sticks

Stellt zwei Congas (tief/groß und hoch/klein) vor euch hin und nehmt in jede Hand einen Stick. Wenn ihr in die Mitte der Felle schlagt, erhaltet ihr automatisch zwei Klänge: einen tieferen bei der tiefen Conga und einen höheren bei der hohen Conga.
Etwas subtiler ist die Spieltechnik auf nur einer Conga, mit einem Stick in der rechten Hand, während die linke Hand ohne Stick spielt. So könnt ihr leicht vier Klänge erzeugen:

1. Klingender Schlag mit dem Stick
2. *tak* mit der linken Hand (Typ I, B-Position)
3. Linke Hand in die Fellmitte legen, Schlag mit dem Stick bei liegender linker Hand
4. Mit dem Stick (oberes Drittel) gegen den Fellrand schlagen

Cool Rap

Instrumente/Klänge

Stimme, Fingerschnipsen, Klatschen, drei Glocken

Info zum Stück

»Coole Typen« leiden manchmal, weil niemand sie zu verstehen scheint, doch oft werden sie heimlich bewundert und sind der Schwarm der Mädchen. Vielleicht werdet ihr herausfinden, dass es am coolsten ist, so zu sein, wie man ist.

Wie ihr den Raum vorbereitet:

Ihr bereitet den Raum so vor, dass eine entspannte, lässige Atmosphäre entsteht. Wichtig ist, dass der Solist *vor* allen anderen Musikern steht und ins Publikum sieht. Er zieht das Publikum in seinen Bann und braucht niemanden – er ist cool!

So erarbeitet ihr das Stück:

1. Geht langsam vor. *Cool Rap* hat viele Teile, die ihr auswendig können müsst. Wer in die Vorlage sieht, ist nicht mehr cool! Übt Abschnitt für Abschnitt zu sprechen und zu schnipsen bzw. klatschen, zunächst ohne Glocken.
2. Trainiert dann die Glockenrhythmen des B-Teils. Glocke 1 und 3 haben nur jeweils ein eintaktiges Pattern zu lernen, das Pattern von Glocke 2 ist zweitaktig und erfordert durch die Achtelpause im 2. Takt etwas mehr Übung.
3. Dann übt ihr das Stück abschnittweise gemeinsam. Trainiert besonders die Übergänge von einem Teil zum nächsten.

Tipps & Tricks

- Das Stück lebt von der Dynamik, das heißt, von den Lautstärkeunterschieden und dem Ausdruck, den ihr dabei in eure Stimme legt. Wenn ihr die einzelnen Teile und die Übergänge beherrscht, konzentriert euch auf die Dynamik und beachtet dabei sehr genau die Dynamikbezeichnungen.
- Jedoch: Macht euch keinen Stress, bleibt cool!

Zum Ablauf:

Das Stück hat eine feste Form, es wird genau so gespielt, wie es notiert ist:
Intro • A • A' • B • C • C' • B • Schluss

Cool Rap

Text und Musik: Gerhard Reiter

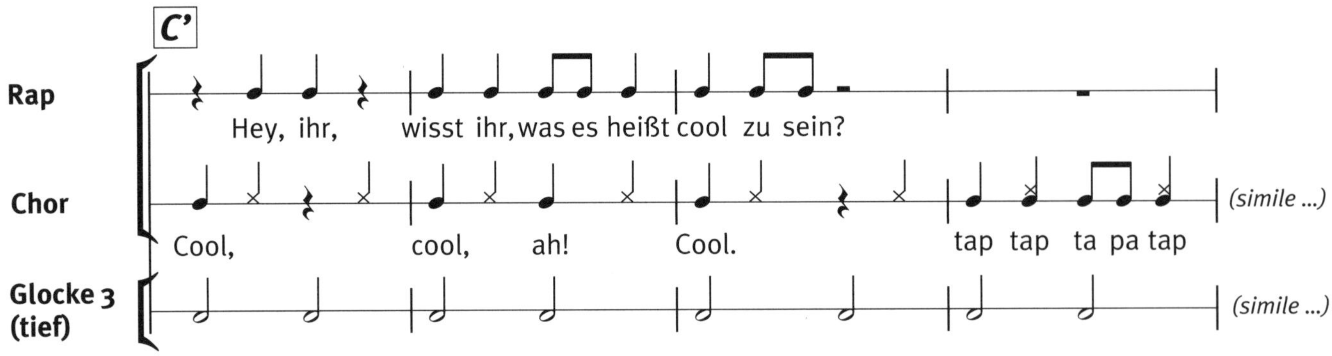

D.C. **B**

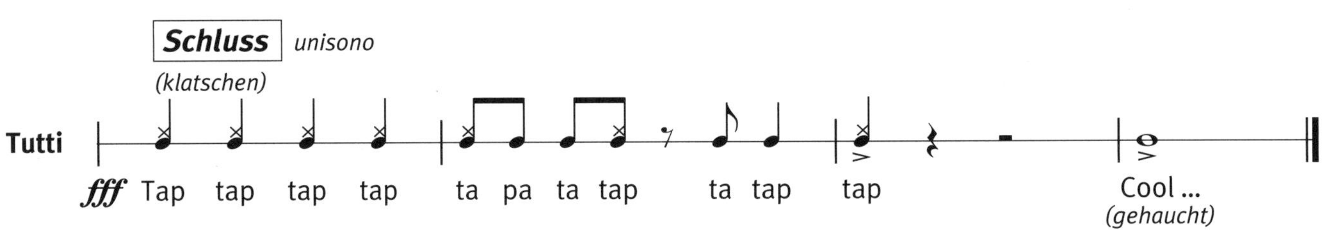

Ablauf

Intro • A • A' • B • C • C' • B • Schluss

Zeichenerklärung

- sprechen
- schnipsen
- klatschen
- sprechen und schnipsen/klatschen
- hohen Ton spielen
- tiefen Ton spielen

Hey

Instrumente/Klänge

Klatschen, Schlagen auf die Schenkel, Stimme

Info zum Stück

Hey ist ein reines Bodypercussion-Stück, das sehr effektvoll interpretiert und mit großer Showwirkung aufgeführt werden kann.

Wie ihr den Raum vorbereitet:

Hey ist die einzige Komposition dieses Heftes, bei der die vier Stimmen ausschließlich solistisch besetzt sind, es ist also ein Quartett. Ihr benötigt dafür vier Stühle, die ihr im Quadrat mit der Blickrichtung zueinander aufstellt. Davor bleibt Platz für zwei stehende Musiker.

Hey kann aber auch von mehreren Quartetten gleichzeitig aufgeführt werden, d.h. ihr könnt eine wirkungsvolle Choreografie für die ganze Klasse dazu entwickeln. Die Quartette sitzen dann in der beschriebenen Aufstellung nebeneinander, sodass die beiden stehenden Musiker vor jedem Quartett eine Reihe ergeben.

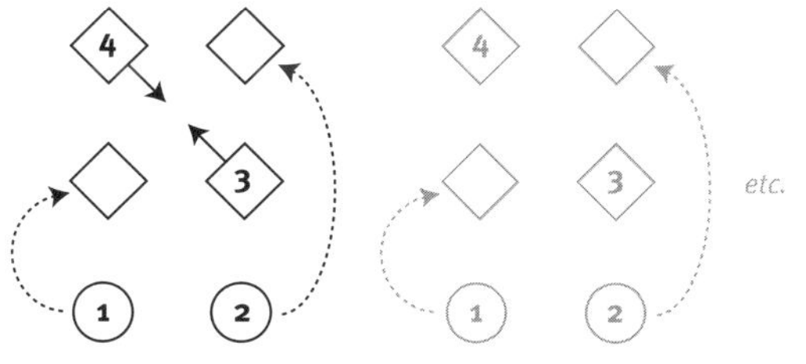

So erarbeitet ihr das Stück:

1. *Hey* ist eigentlich nicht schwer zu spielen, hat aber viele Teile und viele unterschiedliche Klänge. Macht euch deshalb zuerst mit der Notation des Stückes vertraut. Trainiert das Klatschen mit dem Partner (eine Hand und beide Hände) und achtet darauf, dass ihr gute (= starke) Klänge erzeugen könnt.
2. Übt immer nur kleine Abschnitte von ein bis zwei Takten, bis ihr sie sicher beherrscht. Beginnt mit den ein- und zweistimmigen Teilen A, B und C.
3. Probt dann des Schluss-Teil taktweise. Erst zuallerletzt übt ihr Teil D, denn er erfordert die meiste Koordination.

Tipps & Tricks

- Beachtet die angegebenen Handsätze! Davon abzuweichen verkompliziert das Spielen sehr.
- Macht beim Klatschen keine großen, runden Bewegungen, sondern seid mit kleinen, exakten Bewegungen dabei. Das hilft euch, gut im Rhythmus zu bleiben.
- Lasst nach dem Klatschen die Hände nicht fallen und macht auch keine anderen Zwischenbewegungen, sonst seid ihr beim nächsten Einsatz zu spät.

Zum Ablauf:

Das Stück hat eine feste Form. Es ist aber auch möglich, es zunächst in zwei kürzere Stücke zu trennen:
1. Stück: A-Teil und B-Teil
2. Stück: C-Teil und D-Teil (mit Schluss)
Solltet ihr das gesamte Stück mit dem Schluss-Teil aufführen wollen, was natürlich am effektvollsten ist, helfen euch die folgenden Anleitungen.

Wie ihr *Hey* aufführen könnt:

1. Die Musiker 1+2 stehen dicht nebeneinander am Bühnenrand mit dem Gesicht zum Publikum. Hinter ihnen sind im Quadrat die vier Stühle aufgestellt, mit Blickrichtung zueinander. Auf zwei gegenüberliegenden Stühlen sitzen die Musiker 3+4, die beiden anderen Stühle bleiben vorerst leer.
2. Die beiden vorne stehenden Musiker 1+2 spielen den A-Teil. Bei der letzten Zählzeit (= Pause) drehen sie sich zueinander und spielen miteinander den B-Teil. Bei der letzten Viertelnote des B-Teils (»Hey«) drehen sie sich wieder zum Publikum, auf das sie gleichzeitig mit beiden Händen zeigen. Nun wird das Ganze wiederholt.
3. Nach dem zweiten Durchlauf von Teil A und B starten die Musiker 3+4, die auf den Stühlen sitzen, mit dem C-Teil. Währenddessen gehen die Musiker 1+2 zu den noch leeren Stühlen und nehmen Platz.
4. Nun wird von allen vier Musikern 2x der D-Teil gespielt, gefolgt vom Schluss.
5. Bei der zweiten Zählzeit im letzten Takt (= Viertelpause) stehen alle Musiker auf, bei »Hey« drehen sie sich zum Publikum und zeigen mit beiden Händen auf die Zuhörer.

Solltet ihr das Stück mit mehreren Gruppen gleichzeitig aufführen, was viel Koordination erfordert, erhaltet ihr den Effekt eines perkussiven »Riverdance«. Achtet dabei darauf, dass die Musiker 1+2 im A- und B-Teil in einer exakten Linie zum Publikum stehen.

Hey

Text und Musik: Gerhard Reiter

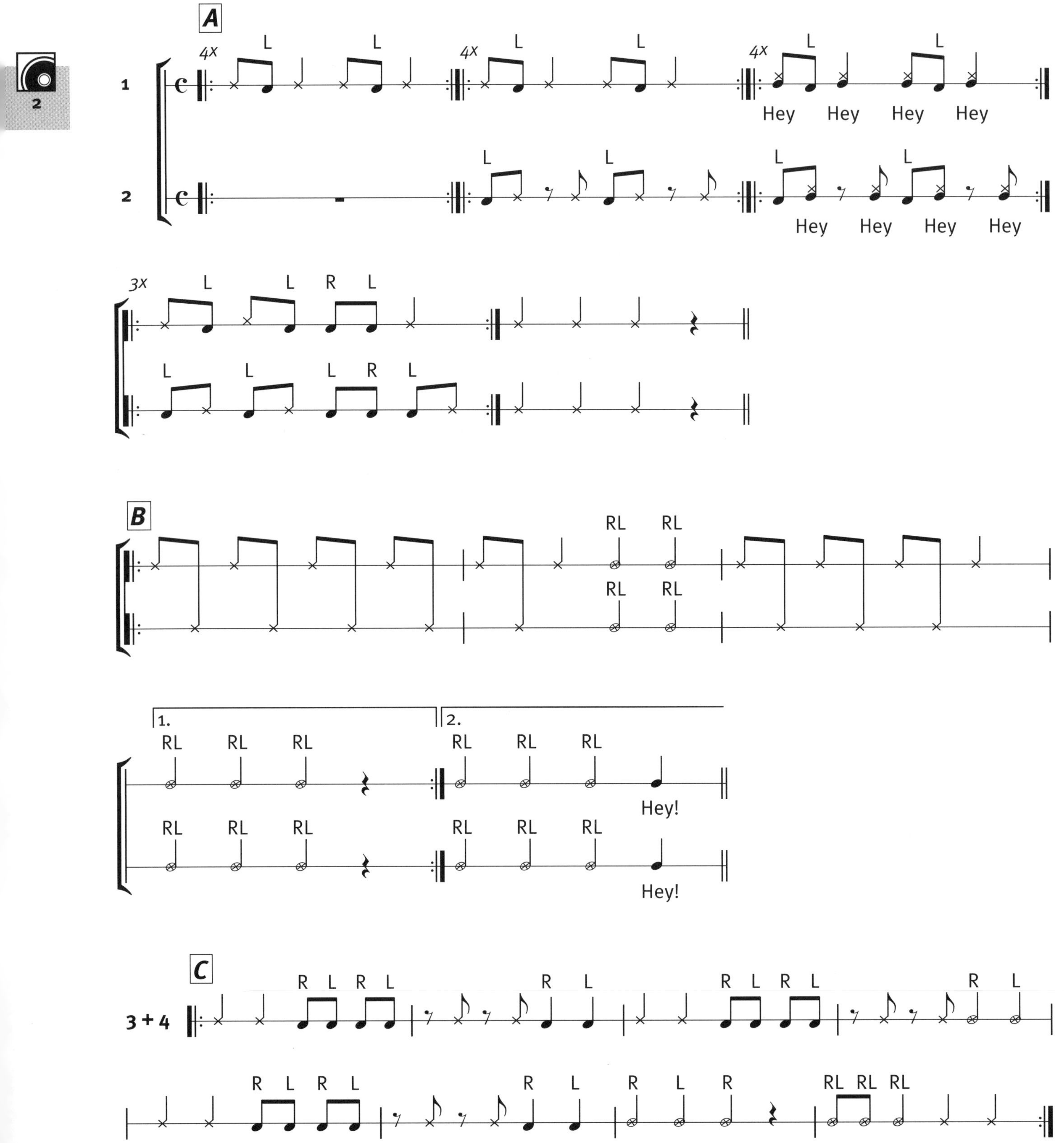

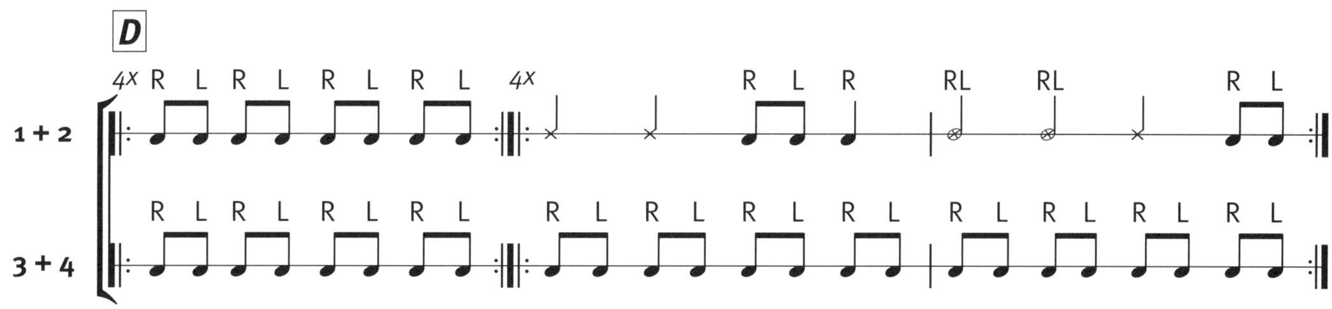

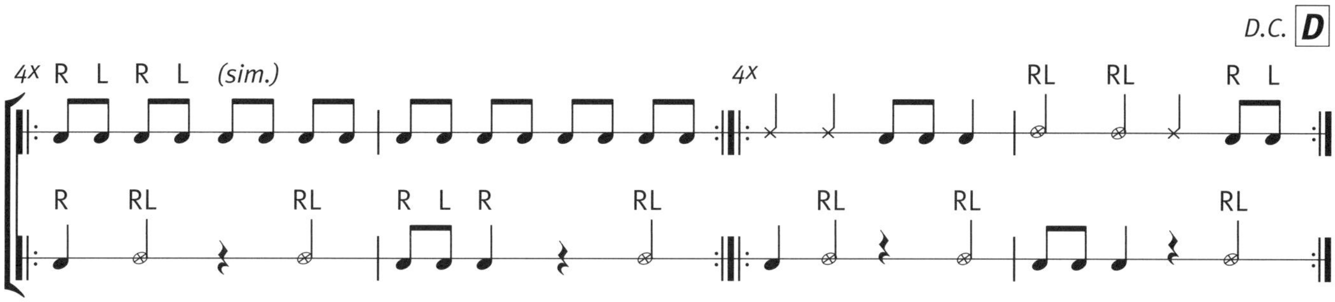

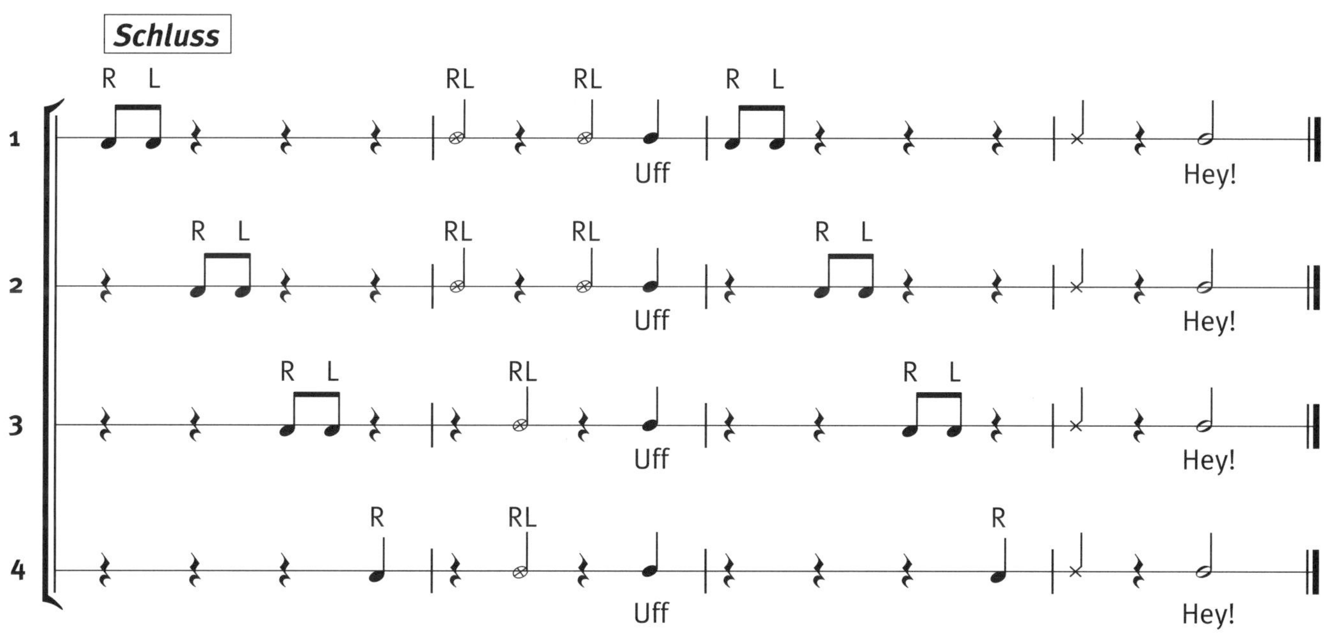

Ablauf

A • B • C • D • D • Schluss

Zeichenerklärung

klatschen

auf die Schenkel schlagen

sprechen

sprechen und klatschen

horizontal klatschen, Partner klatscht vertikal dazwischen

R
rechte Hand klatscht mit der rechten Hand des Partners

RL
beide Hände klatschen mit den Händen des Partners

Basic Beats

Instrumente

Trommeln (Djembe, Congas, Bongos, Rahmentrommeln ...) und/oder Cajon
Optional: Percussion-Instrumente, Alltagsgegenstände

Info zum Stück

Basic Beats verwendet rhythmische Muster, wie sie in vielen Musikstilen und bei vielen Völkern vorkommen. Diese Rhythmen dienen oft als Ausgangsbasis für weitere, viel komplexere Strukturen.

Wie ihr den Raum vorbereitet:

Für dieses Stück ist keine besondere Raumvorbereitung erforderlich. Ihr benötigt nur ausreichend Platz, um euch mit euren Instrumenten bequem hinzusetzen oder aufzustellen und euch beim Spielen nicht gegenseitig zu stören.

So erarbeitet ihr das Stück:

1. Achtet bei der Instrumentenauswahl darauf, dass die drei Stimmen einen Gesamtklang ergeben, der euch gut gefällt, wählt z. B. für die erste Stimme Djemben, für die zweite Stimme Congas und für die dritte Stimme Bongos. Spielt zunächst gemeinsam tiefe *dum*- und hohe *tak*-Klänge.
2. Übt nun die Intro so lange, bis ihr sie perfekt beherrscht, dann übt ihr ebenso isoliert Teil A und Teil B.
3. Wenn ihr diese drei Teile sicher könnt, übt ihr die Übergänge, das heißt: von der Intro zum A-Teil und wieder zurück (der Solist gibt dabei den Cue »Überleitung«, d.h. das Zeichen zum Wechsel der Teile) und dann von A zu B und wieder zurück.
4. Anschließend übt ihr den Ablauf des gesamten Stückes (am besten zuerst noch ohne improvisiertes Solo über Teil A und B, der Solist gibt also nur die Cues, damit die Übergänge möglichst oft trainiert werden).

Tipps & Tricks

- ➢ Achtet darauf, dass ihr bei den Übergängen sofort mit voller Power zu spielen beginnt und verlasst euch nicht darauf, dass euer Nachbar das für euch tut!
- ➢ Probiert auch, die Instrumente der drei Gruppen zu vertauschen, z. B. spielen Congas die erste Stimme, Bongos die zweite Stimme und Djemben die dritte Stimme. Wählt für den Solisten ein Instrument, das gut hörbar ist, wenn alle spielen.
- ➢ Achtet bei der Instrumentenwahl bzw. bei der Halteposition darauf, dass ihr die Klänge mit *beiden* Händen gut spielen könnt, damit die Intro spielbar bleibt. Ihr müsst daher beispielsweise die Rahmentrommeln zwischen die Beine klemmen, sonst bekommt ihr beim Spielen Probleme!

Zum Ablauf:

Basic Beats hat eine feste Form, allerdings sind sowohl der A-Teil als auch der B-Teil ad libitum, das heißt, dass diese Teile so oft wiederholt werden, bis der Solist das Zeichen (Cue) für den Wechsel gibt.
Wenn ihr das Stück verlängern wollt, spielt es zweimal durch, bevor ihr in den Schlussteil übergeht, also:
2 x (Intro • A • Cue »Überleitung« • Zwischenspiel • B) • Cue »Schluss« • Schluss

Wie ihr *Basic Beats* außerdem spielen könnt:

Die Schwierigkeit von *Basic Beats* liegt hauptsächlich in den Wechseln der Teile. Ihr könnt das Stück vereinfachen, indem ihr vorerst den B-Teil weglasst. Dadurch bekommt ihr folgende Form:
Intro • A • Cue »Überleitung« • A • Zwischenspiel • A • Cue »Schluss« • Schluss

Wie ihr solistisch improvisieren könnt:

Das Solo über dieses Stück ist vollkommen frei, ebenso wie die Instrumentenwahl der Solisten. Bedenkt nur, dass ihr gut hörbar sein müsst, besonders beim Cue.
Ein Trick, damit der Cue gut wahrgenommen werden kann, besteht darin, das Solo zu beenden, einen oder zwei Takte zu warten, und erst dann den Cue anzugeben.

Welche Instrumente ihr einbauen könnt:

Grundsätzlich ist das Stück für Felltrommeln (wozu auch die Cajon zählt, obwohl sie kein Fell hat) geschrieben. Ihr könnt also Djemben, Congas, Bongos, Darabukkas, Rahmentrommelm usw. verwenden, was immer euch zur Verfügung steht.
Genauso gut könnt ihr aber auch andere Percussion-Instrumente nehmen (Glocken, Klangstäbe, ...) oder Alltagsgegenstände (Stühle, Abfalleimer, ...). Wichtig ist nur, dass ihr zwei Tonhöhen erzeugen könnt und die Intro spielbar bleibt.

Basic Beats

Musik: Gerhard Reiter

Intro/Zwischenspiel

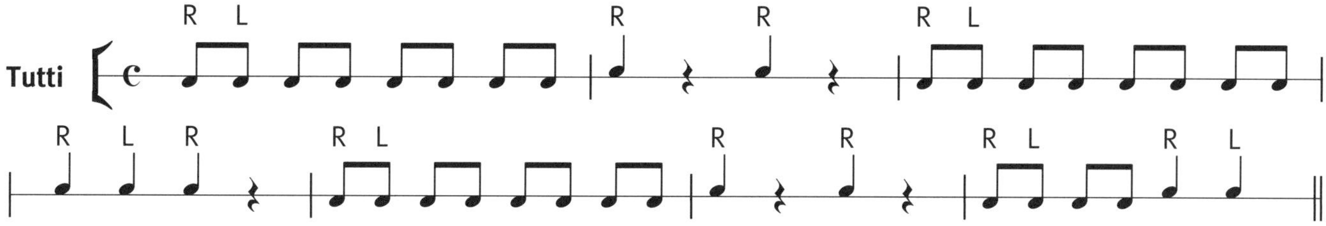

A
ad lib.

B
ad lib.

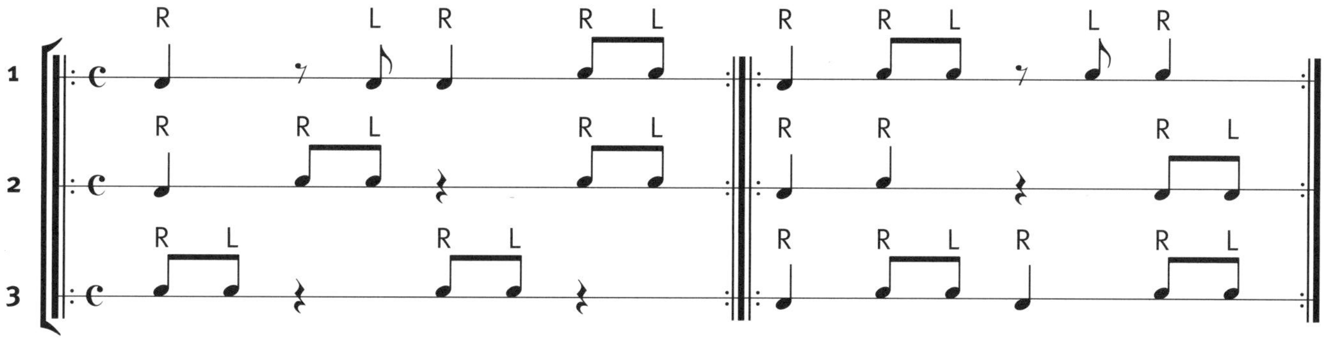

Schluss

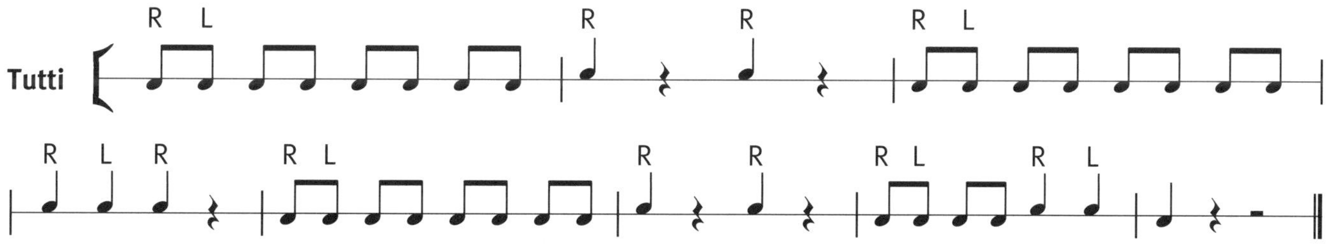

Zeichen (Cues)

Der Solist kann den Cue auch als *dum* spielen.
Einzige Bedingung ist, dass er von allen gehört werden kann.

Überleitung

Schluss

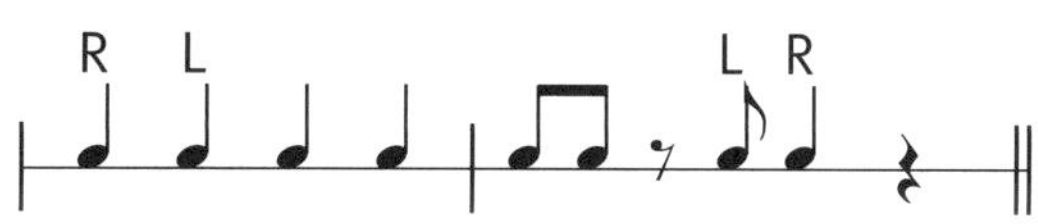

Ablauf

Intro • A (ad lib.) • Cue »Überleitung« • Zwischenspiel • B (ad lib.) • Cue »Schluss« • Schluss

Zeichenerklärung

 tiefen Ton spielen *(dum)*

 hohen Ton spielen *(tak)*

Volleyball

Instrumente/Klänge

Stimme, Klatschen, Stampfen

Info zum Stück

Ob ihr Cheerleader seid oder nicht, Sportfan oder nicht, mit diesem Stück könnt ihr euer Schulteam erfolgreich anfeuern.

Wie ihr den Raum vorbereitet:

Sucht euch einen größeren freien Platz im Klassenzimmer oder schiebt einige Tische zur Seite. Stellt euch in zwei Gruppen oder im Halbkreis auf. Bedenkt, dass ihr im Fall einer Aufführung ins Publikum schauen solltet.

So erarbeitet ihr das Stück:

1. Macht euch mit den verschiedenen Klängen und ihrer Notation vertraut und übt zuerst die unisono-Teile A und C (unisono bedeutet: alle zusammen das Gleiche).
2. Teilt euch in zwei Gruppen und übt dann Teil B abschnittweise: zuerst die ersten beiden Takte (nur Stimme 1), dann die nächsten zwei (zunächst Stimme 1 und 2 einzeln nacheinander, dann zusammen) und schließlich die nächsten vier Takte (T. 13–16). Setzt dann den B-Teil zu einem Ganzen zusammen.

Tipps & Tricks

- Denkt daran, dass das Stück dafür da ist, euer Volleyball-Team anzufeuern. Sprecht deshalb fest und mit Begeisterung in der Stimme!
- Achtet beim B-Teil darauf, dass ihr hier trotz Teilung in zwei Gruppen nicht leiser werdet; versucht im Gegenteil, in diesen Teil noch mehr Kraft zu legen!

Wie ihr *Volleyball* außerdem spielen könnt:

- Ihr könnt im B-Teil auch das *dum* auf einem tiefen Ton, das *tak* auf einem höheren Ton sprechen.
- Mit ein paar Schritten könnt ihr eine kleine Choreografie erfinden und euch wie Cheerleader zum Stück bewegen.

Volleyball

Text und Musik: Gerhard Reiter

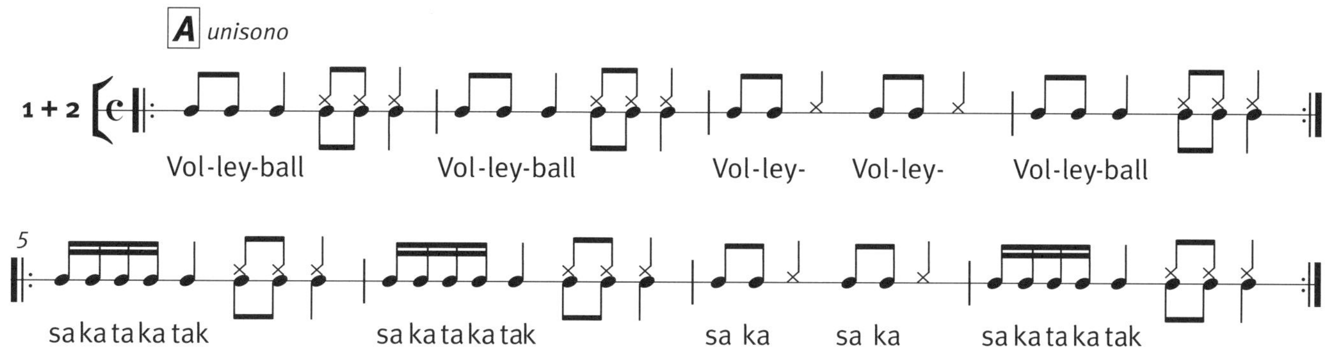

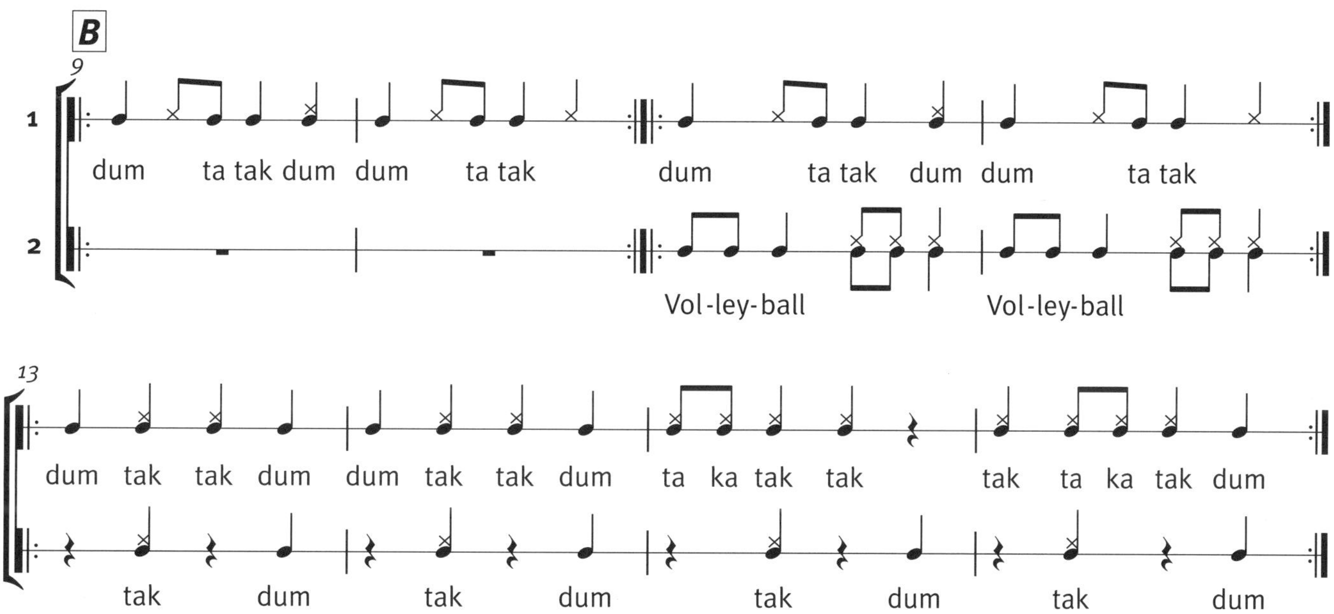

(Die 2. Stimme spielt T. 13–16 erst bei Wiederholung)

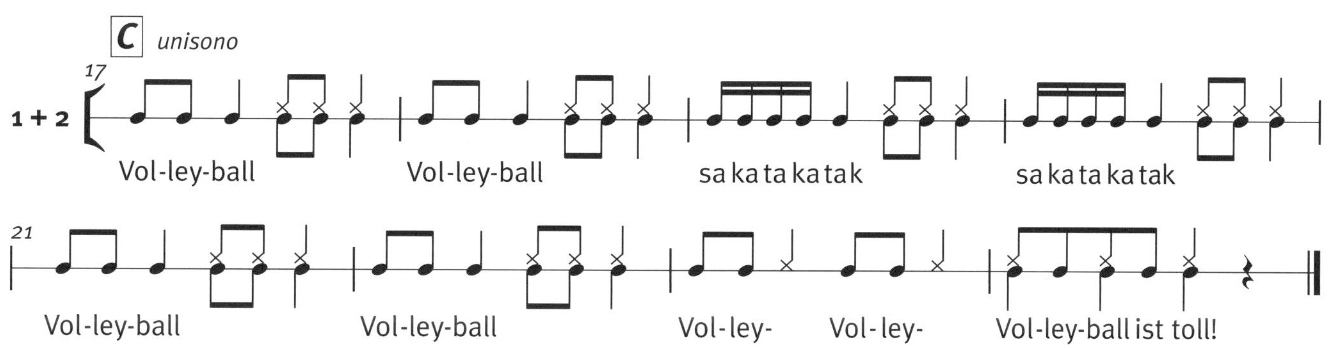

Ablauf

A • B • C

Zeichenerklärung

sprechen

klatschen

sprechen und klatschen

stampfen

Kung Fu

Instrumente/Klänge

Stimme, Klatschen, Tische
Optional: Klangstäbe, Woodblocks, Trommeln

Info zum Stück

Kung Fu ist ein asiatischer Kampfstil, bei dem die Kraft durch Konzentration entsteht. Dies könnt ihr zum Ausdruck bringen, indem ihr langsam, d.h. nicht übereilt, aber dennoch kraftvoll sprecht und spielt – wie ein guter Kämpfer.

Wie ihr den Raum vorbereitet:

Stellt die Tische in ein oder zwei lange Reihen und nehmt einander gegenüber daran Platz, sodass ihr euch anschauen könnt.

So erarbeitet ihr das Stück:

1. Beginnt mit Teil A. Zunächst lernen alle gemeinsam Stimme 1, danach Stimme 2.
   Wichtig: Sprecht und spielt immer gleichzeitig!
2. Wenn ihr sicher seid, könnt ihr euch in die zwei gegenüber sitzenden Gruppen aufteilen: Die eine musiziert Stimme 1, die andere spielt dazu Stimme 2. Anschließend wechseln die Gruppen die Rhythmen.
3. Übt nun unisono Teil B (unisono bedeutet: alle zusammen das Gleiche). Wenn beide Teile rhythmisch stabil sind, wechselt sie ab, z.B. 2 x A, 2 x B.
4. In der Art von Teil A übt nun Teil C und den Schluss mit Übergang zu A.
5. Wenn ihr alles sicher beherrscht, stellt die Teile zusammen.

Tipps & Tricks

- Beginnt nicht zu schnell, sonst bekommt ihr in Teil B Schwierigkeiten.
- Achtung: Teil B verleitet zur Beschleunigung. Bitte nicht schneller werden!
- Stellt euch vor, euer Überleben hängt vom Kung Fu-Kampf ab. Sprecht deshalb laut und mit fester Stimme, damit die »Gegner« Angst bekommen!

Zum Ablauf:

Kung Fu klingt besonders gut in einer Rondoform, d.h. Teil A wechselt sich wie ein Refrain mit B und C ab: A • B • A • C • A. Ihr könnt die Abschnitte auch jeweils mehrmals spielen und den ganzen Ablauf wiederholen, so oft ihr wollt.

Wie ihr *Kung Fu* außerdem spielen könnt:

- Statt an den Tischen zu sitzen, könnt ihr euch auch in zwei Gruppen gegenüber aufstellen. In diesem Fall müsst ihr anstelle auf Tische auf den eigenen Körper schlagen (Schenkel oder Brust).
- Ihr könnt auch eine eigene Gruppe bilden, die zum Stück einen spannenden Kung-Fu-Kampf inszeniert, oder ihr erfindet selbst noch etwas?!

Welche Instrumente ihr einbauen könnt:

Das Stück kann ganz leicht auf verschiedensten Instrumenten gespielt werden. Ganz besonders eignet sich dafür das Orff-Instrumentarium, zum Beispiel pentatonische Klangstäbe (mit den Tönen d – e – g – a – h). Probiert unterschiedliche Klangversionen aus.
Auch Woodblocks oder mit Sticks gespielte Felltrommeln könnt ihr problemlos einbauen. Jeder Gruppe wird dabei ein Trommler zugeordnet, der den entsprechenden Rhythmus mitspielt:

Klatschen	=	*tak*	(hoher Klang),
Tisch	=	*dum*	(tiefer Klang).

Kung Fu

Text und Musik: Gerhard Reiter

Ablauf

A • B • A • C • A • Schluss

Zeichenerklärung

klatschen und sprechen

auf den Tisch schlagen und sprechen

Power Change 1

Instrumente/Klänge

Holz- und Metall-Percussion, Trommeln
Optional: Alltagsgegenstände

Info zum Stück

Power Change heißt Kraftwechsel. Jeder der hier verwendeten Rhythmen hat seine eigene Power. Wie ihr diese einsetzt und miteinander das Spiel der Kräfte gestaltet, liegt in eurer Hand, da ihr selbst den Ablauf bestimmen könnt.

Wie ihr den Raum vorbereitet:

Sucht euch einen größeren freien Platz im Klassenzimmer bzw. Musikraum oder schiebt einige Tische zur Seite und stellt euch dann mit euren Instrumenten in drei Gruppen auf (Holzinstrumente/Metallinstrumente/Felltrommeln).
Der Ensembleleiter steht euch gegenüber und hält die Gruppen zusammen. Achtet darauf, dass ihr ihn alle gut sehen könnt!

So erarbeitet ihr das Stück:

1. Probiert zunächst aus, wie ihr auf euren Instrumenten jeweils zwei Tonhöhen erzeugen könnt (Tipps findet ihr auf S. 5ff.).
2. Alle drei Gruppen üben Rhythmus 1, zuerst jede Stimme einzeln nacheinander, dann dreistimmig.
3. Nachdem auch Rhythmus 2 in dieser Art erarbeitet ist, wechselt zwischen beiden Rhythmen hin und her; der Ensembleleiter gibt euch jedes Mal mit der Apito (Sambapfeife) das Signal zum Rhythmuswechsel. Versucht, nach den zwei Takten Signal exakt auf Zählzeit 1 in den neuen Rhythmus zu wechseln.
4. Wenn ihr das ausreichend trainiert habt, könnt ihr auch den dritten, vierten und fünften Rhythmus in euer Stück aufnehmen.
5. Wählt einen oder mehrere Solisten, der/die über je einen Rhythmus (oder über das ganze Stück) ein improvisiertes Solo spielen kann/können.

Zum Ablauf:

Ihr müsst das Stück nicht in der angegebenen Reihenfolge spielen, sondern könnt die Rhythmen frei nach Belieben des Ensembleleiters aneinander reihen. Lediglich der Beginn sollte immer mit dem ersten Rhythmus erfolgen.

Wie der Ensembleleiter seine Signale gibt:

- Der Ensembleleiter gibt die Signale (Calls) am besten mit einer Sambapfeife (Apito), da diese über zwei Tonhöhen verfügt und gut zu hören ist.

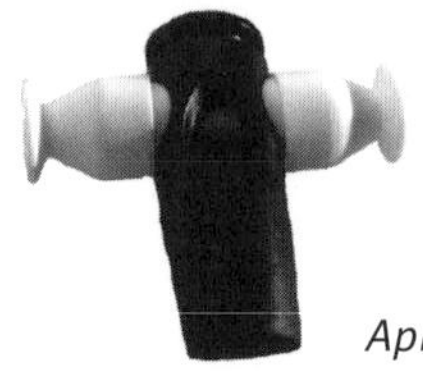

Apito

- Das Signal »Beginn« spielt er allein, nach 2 Takten setzen alle mit Rhythmus 1 ein und spielen diesen solange, bis dazu das Signal »Rhythmuswechsel« erklingt. Mit der Hand zeigt der Ensembleleiter dabei den nächsten Rhythmus an: Die Anzahl der hochgestreckten Finger ergibt den zu spielenden Rhythmus.
- Achtung: Spielt vor einem Rhythmuswechsel immer noch den ganzen Takt des laufenden Rhythmus zu Ende (zusammen mit dem Call des Ensembleleiters)!
- Spielt der Ensembleleiter das Signal »Schluss«, ist das Stück zu Ende (gemeinsamer Schluss auf Zählzeit 1 nach dem zweitaktigen Call).

Wie ihr solieren könnt:

Bei *Power Change 1* gibt es unzählige Möglichkeiten, solistisch zu spielen. Die einfachste ist, dass ihr zu jedem der Rhythmen einen eigenen Solisten bestimmt, der immer dann, wenn »sein« Rhythmus gespielt wird, darüber improvisiert. Erklingen die anderen Rhythmen, kann er diese natürlich mitspielen. Ihr könnt euch aber auch eigene Regeln für das Improvisieren ausdenken!
Folgende Instrumente eignen sich als Soloinstrumente: Talking Drum, Bongos (mit Sticks gespielt), Conga (mit einer Hand und einem Stick gespielt oder mit »Besen«, das sind Sticks, die vorne über viele kleine Metallstifte verfügen und deshalb weicher als Holz-Sticks klingen), Cajon. Und: Was immer euch einfällt!

Wie ihr *Power Change 1* außerdem spielen könnt:

Wenn ihr das Stück anderen vorführen wollt, könnt ihr euch wie angegeben in euren Gruppen im Halbkreis aufstellen. Ihr könnt aber auch Gürtel für die größeren Instrumente basteln und damit durchs Schulhaus ziehen oder, wie bei einem Samba-Umzug, durch die Straßen!

Welche Instrumente ihr einbauen könnt:

Power Change 1 ist ein »geduldiges« Stück, ihr könnt alles zum Spielen verwenden, was richtig viel Lärm bereitet. Solltet ihr keine Trommeln besitzen, dann spielt auf Abfalleimern, Kisten, Flaschen, Töpfen, Stühlen usw. Ihr müsst lediglich bedenken, dass ihr erstens aus jedem »Alltagsinstrument« zwei verschieden hohe Töne erzeugen könnt und es zweitens tragen und gleichzeitig spielen können müsst, falls ihr einen Umzug veranstalten wollt.
Wenn ihr zu wenige Trommeln für alle habt, könnt ihr auch Trommeln und Alltagsgegenstände mischen.

Power Change 1

Musik: Gerhard Reiter

6

20–2

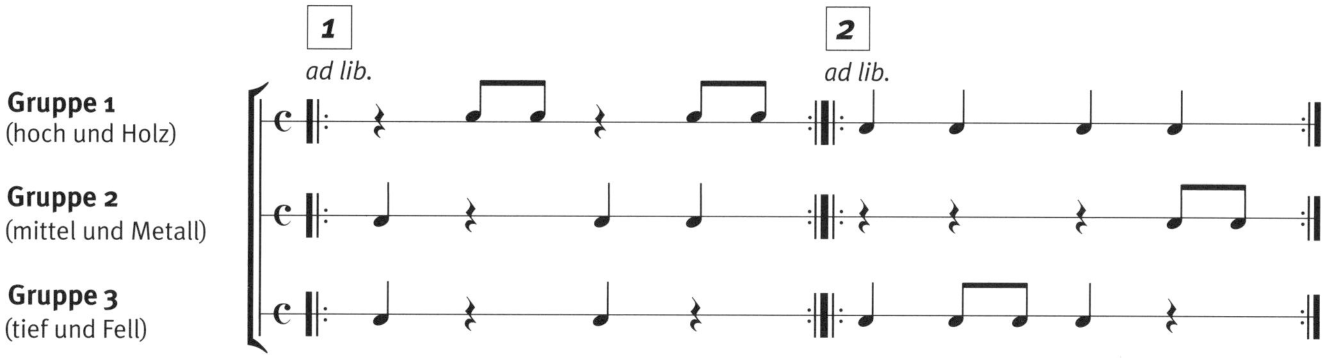

Signale (Calls)

Die Signale spielt der Ensembleleiter mit der Sambapfeife (Apito). Mit Ausnahme des Signals »Beginn« werden alle Signale zu dem laufenden Rhythmus gespielt.

Beginn

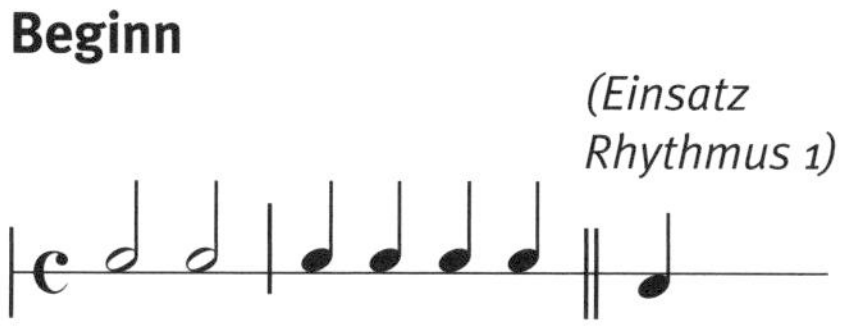

Rhythmuswechsel

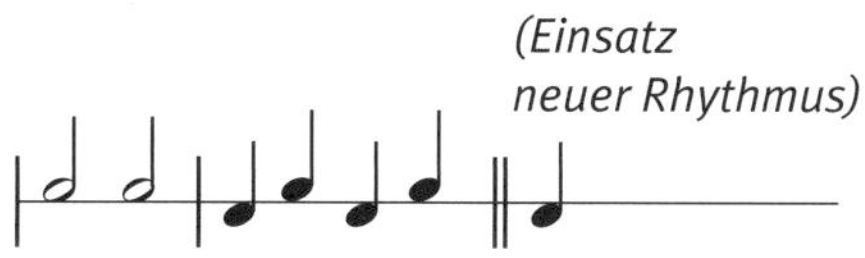

Bei diesem Signal werden die Finger in die Höhe gestreckt. Die Anzahl der Finger ergibt den zu spielenden Rhythmus.

Schluss

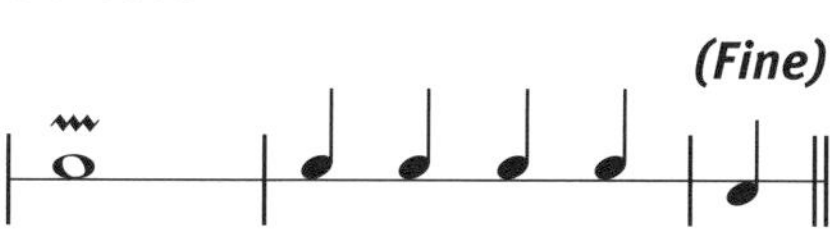

Accelerando (schneller werden)

a)

b)

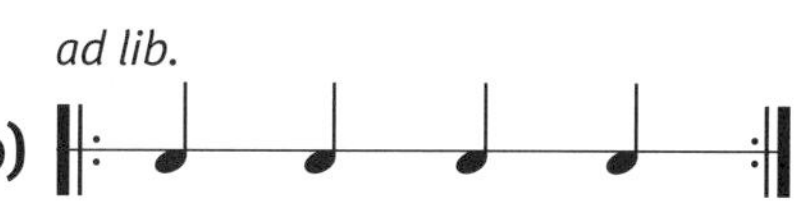

(wenn bereits schnell gespielt wird)

Zeichenerklärung

 hohen Ton spielen

 tiefen Ton spielen

 Triller

Früchte-Cocktail

Instrumente/Klänge

Stimme
Optional: Klatschen, Alltagsgegenstände, Trommeln, Percussion-Instrumente

Info zum Stück

Der *Früchte-Cocktail* funktioniert als reines Sprechstück. Dieses kann jedoch auch mit verschiedensten Percussion-Instrumenten unterstützt und zu einer richtigen Bühnenszene ausgestaltet werden. Deshalb ist hier besonders euer schauspielerisches Talent gefragt!

Wie ihr den Raum vorbereitet:

Schafft so viel Platz im Klassenzimmer, dass ihr euch mit vier Gruppen in einem leichten Halbkreis aufstellen könnt. Solltet ihr das Stück szenisch aufführen wollen, könnt ihr vor jede Gruppe einen Tisch stellen, auf dem sich Obst befindet.
Der Erzähler bzw. »Schauspieler«, der die Textteile spricht, steht rechts oder links am Bühnenrand neben den Gruppen, er könnte aber auch erst nach der Intro als Überraschung auftreten.

So erarbeitet ihr das Stück:

1. Übt die einzelnen Ensemble-Teile (Intro, B, E und Schluss) erst einmal einzeln, dann mit dem jeweils vorausgehenden Takt des Erzählers als Cue (Zeichen).
2. Der Erzähler lernt seinen Text unabhängig vom Rest des Ensembles. Erst wenn er ihn flüssig und ausdrucksstark beherrscht, könnt ihr die einzelnen Teile zu einem Ganzen zusammenfügen.

Tipps & Tricks

- Da das Stück außer in den Erzählerteilen chorisch gesprochen wird (d. h., immer mehrere von euch sprechen denselben Text), müsst ihr eine gemeinsame Interpretation finden und eure Aussprache aufeinander abstimmen: Achtet z.B auf die Sprachmelodie, beachtet die Länge der Silben, entscheidet euch für Akzente etc. So bleibt ihr für das Publikum verständlich.
- Bemüht euch, den chorischen Text sehr rhythmisch und perkussiv, das heißt mit kurzen, staccatoartigen Vokalen zu sprechen. Zum Beispiel:

  Nicht: Aa-naa-naaas
  Sondern: Ạ-nạ-nạs
- Der Erzähler kann den Text des A-Teiles von einem Blatt Papier ablesen, sollte dabei aber öfter ins Publikum schauen, um mit ihm in Kontakt zu bleiben, die Spannung zu halten und den Inhalt möglichst lebendig zu vermitteln. Die Teile C und D sollten auswendig gelernt werden. Dabei kann der Text auch ein wenig verändert werden, falls das leichter fällt oder ihr noch Ideen für spritzige Ausgestaltungen habt. Die Einsätze f... Teil B und E müssen jedoch exakt gegeben we...

Wie ihr *Früchte-Cocktail* außerdem spielen könnt:

Es ist möglich, *Früchte-Cocktail* zu einer kleinen Bühnenszene auszuweiten. Dazu könnt ihr Requisiten verwenden wie Tische, auf denen Obst liegt. Im B-Teil haltet ihr die entsprechende Frucht immer dann hoch, wenn ihr den Namen sagt. Besonders wirkungsvoll ist es, wenn ihr eine klare rhythmische Bewegungsabfolge festlegt: Wie hoch genau haltet ihr das Obst, streckt ihr den Arm nach vorne rechts oder links, auf welche Zählzeit legt ihr das Obst wieder ab, etc.
Vielleicht organisiert ihr sogar einen Mixer und baut das Mixen in das Stück ein ...!
Der Erzähler könnte einen weißen Laborkittel tragen, wie ein Wissenschaftler, vielleicht sogar eine große Brille auf der Nasenspitze, über die hinweg er das Publikum ansieht.
Lasst eurer Fantasie freien Lauf!

Welche Instrumente ihr einbauen könnt:

Die Intro und die Textteile wirken am besten genau so, wie sie notiert sind.
Teil B und E dagegen lassen sich gut mit verschiedensten Instrumenten verstärken. Am einfachsten ist es, wenn ihr die Rhythmen beim Sprechen mitklatscht. Ihr könnt aber auch Alltagsgegenstände (Töpfe, Essbesteck, ...) oder Trommeln und Percussion-Instrumente zur Verschönerung einbauen, z. B. könnte jede Frucht einem bestimmten Instrument oder Klang zugeordnet werden.
Interessant klingt das Stück auch, wenn ihr die Intro sprecht, Teil B klatscht und für Teil E Alltagsgegenstände und/oder Instrumente verwendet. Achtung: Trotz Instrumenteneinsatz das Sprechen nicht vergessen!

Früchte-Cocktail

Text und Musik: Gerhard Reiter

7

A

Erzähler:
(rhythmisch frei gesprochen)
Ja klar, denn Obst enthält viel natürliches Vitamin C, nicht zu vergessen das wichtige Vitamin B1, das sich in der Schale befindet. Sie kennen ja alle den Wert von Ballaststoffen, die unsere Verdauung regulieren. Und deshalb enthält unser Cocktail die wichtigsten Früchte!

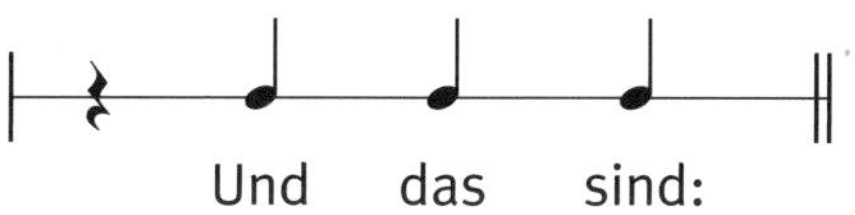

B

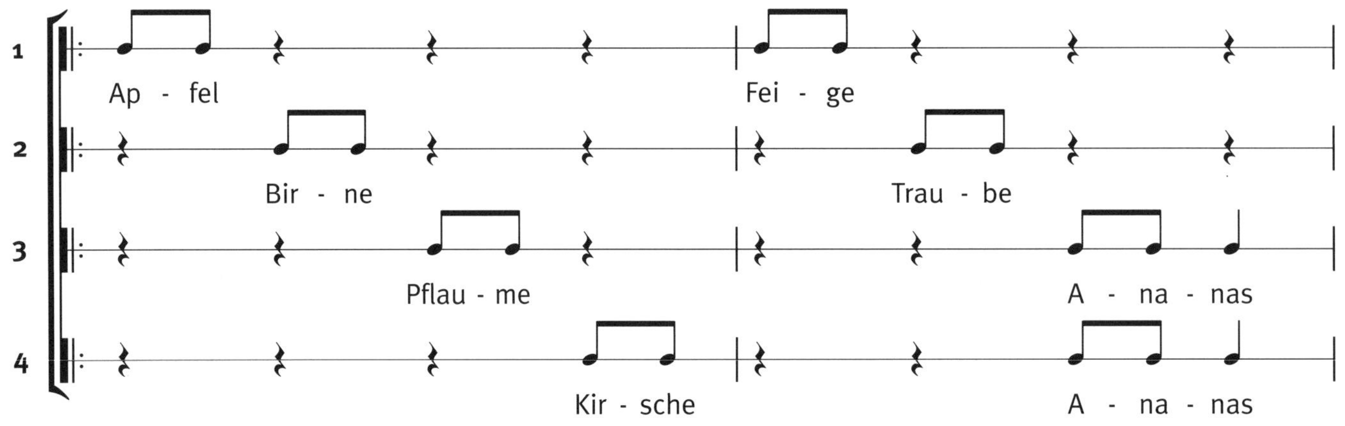

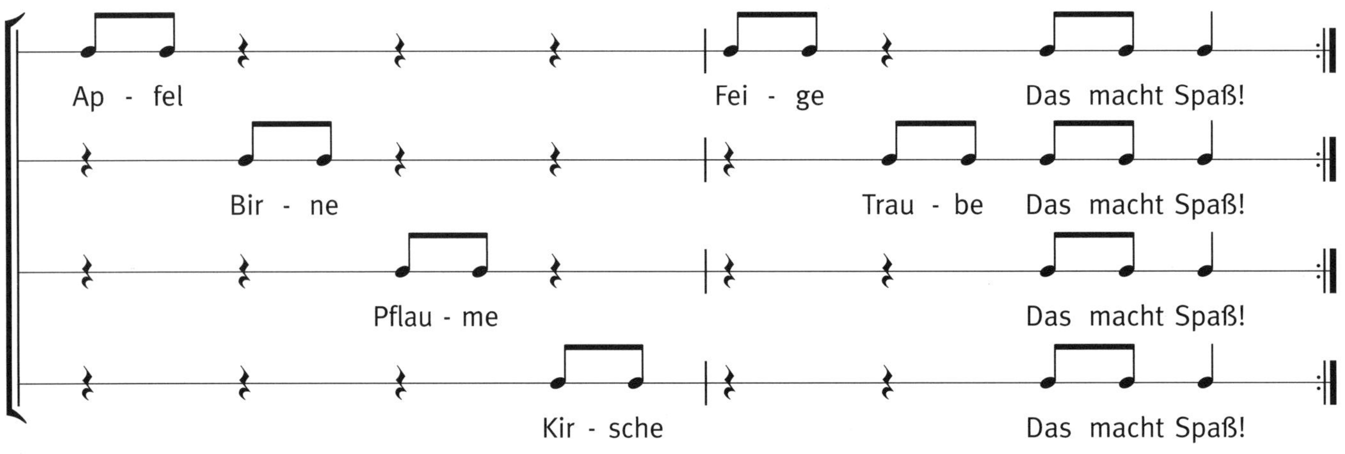

C

Erzähler:
Na, haben Sie sich gemerkt, welche Früchte wir für unseren Cocktail verwenden?

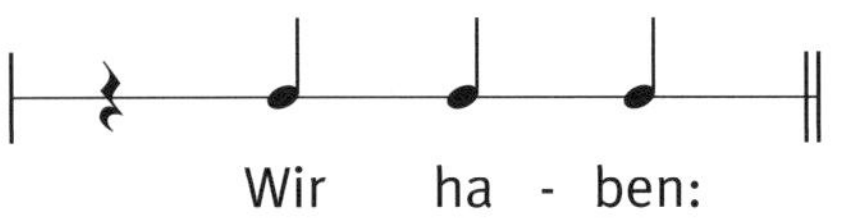

D.C. **B**, danach weiter mit **D**

D

Erzähler:
Aber selbstverständlich ergeben diese Früchte noch keinen Cocktail, wenn wir sie nicht in unserer Küchenmaschine ordentlich zerkleinern und durcheinandermischen.
Also machen wir uns jetzt an die Arbeit, um für Sie den »Über-drüber-super-guten-und-gesunden« Früchtedrink herzustellen.

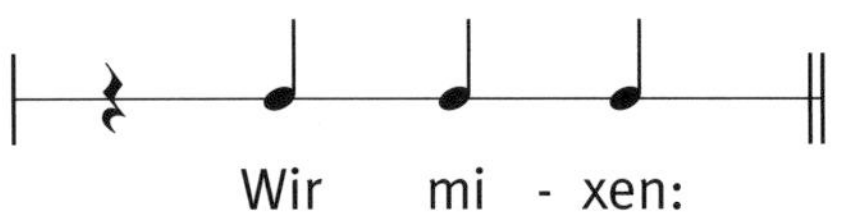

E

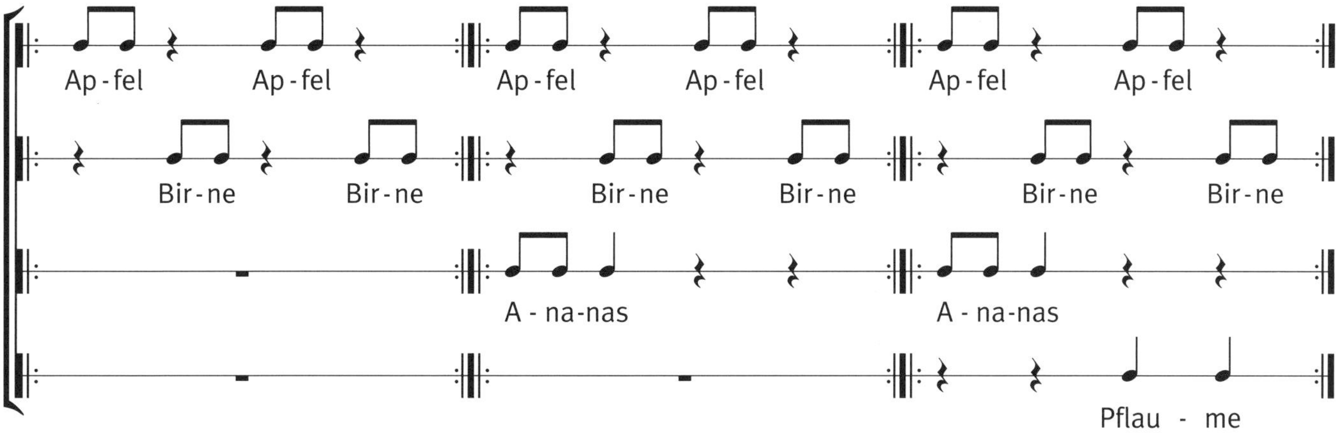

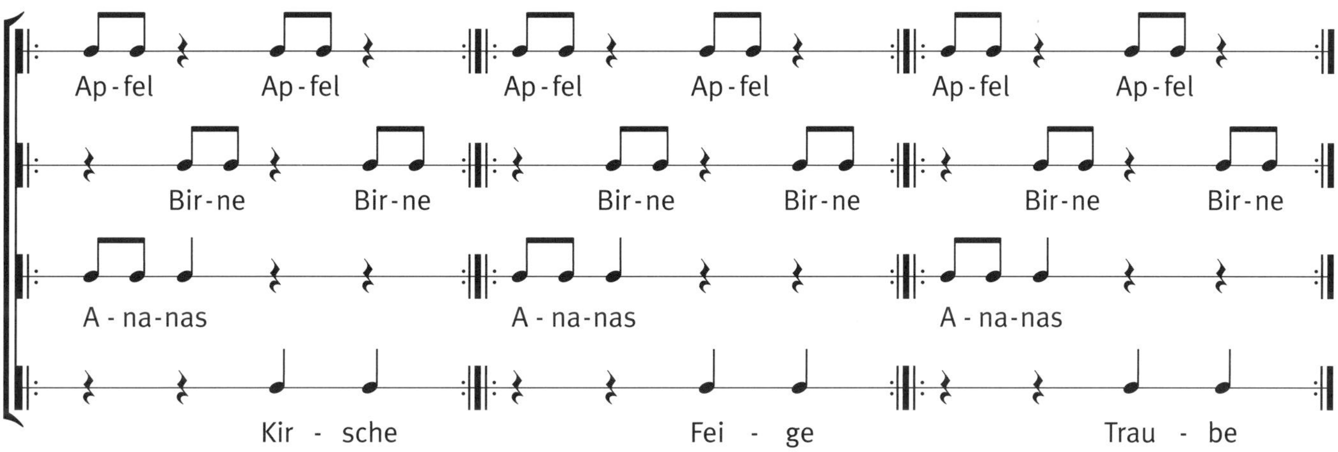

Schluss

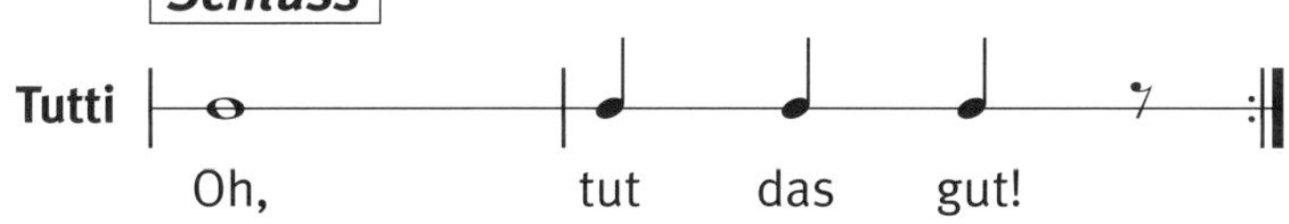

Erzähler:
Und gesund ist es auch!

Ablauf

Intro • A • B • C • B • D • E • Schluss

Zeichenerklärung

 sprechen

Das minimale Vokal-Trio

Instrumente/Klänge

Stimme, Klatschen
Optional: Singen (Version 2)

Info zum Stück

Minimal sind die Form und die Aufführungslänge des Stückes, maximal allerdings der Erfolg, wenn ihr es gut präsentiert!

Wie ihr den Raum vorbereitet:

Sucht euch einen größeren freien Platz im Klassenzimmer, wo ihr euch in drei Gruppen platziert. Achtet darauf, dass ihr nicht zu weit voneinander entfernt steht!
Ihr könnt euch auch im Halbkreis aufstellen oder zueinander schauen, bedenkt aber, dass ihr im Fall einer Aufführung den Kontakt zum Publikum halten solltet.

So erarbeitet ihr das Stück:

1. Übt zunächst alle unisono die Intro.
2. Erarbeitet dann gemeinsam jede Stimme von Teil A. Erst dann teilt ihr euch in drei Gruppen, jede Gruppe übernimmt eine der drei Stimmen.
3. Übt – bis es perfekt funktioniert – den Übergang von der Intro zu Teil A.
4. Trainiert nun Teil B und den Übergang von Teil B zu Teil A.
5. Jetzt könnt ihr schon das gesamte Stück spielen, denn der Schluss besteht aus Intro und Teil B.

Tipps & Tricks

- Übt alle Teile zunächst nur gesprochen und fügt das Klatschen erst dann hinzu, wenn ihr euch sicher fühlt.
- Sprecht die Silben wie angegeben mit relativer Tonhöhe (hoch, tief) und beginnt alle mit dem gleichen Ton, dann klingt das Stück sehr schön.
- Denkt bei der dritten Stimme in Teil A in folgenden Einheiten: »brak ta tak / ta tak / brak ta tak«. Danach könnt ihr atmen. Nehmt das »ta du ru« quasi als Einleitung oder langen Auftakt für die Wiederholung des Patterns.
- Achtet darauf, dass ihr bei diesem Stück nicht langsamer werdet. Ihr erreicht dies dadurch, dass ihr – unabhängig vom Notenwert – ganz kurze Vokale sprecht.
- Achtung: Das Klatschen in Teil B und im Ending kann zum Schleppen verleiten. Versucht gegenzusteuern und an diesen Stellen den Rhythmus durch das Klatschen anzutreiben!
- Die Triolen könnt ihr bei höherem Tempo leichter sprechen, wenn ihr eine weiche Aussprache wählt, also »sagada« statt »sakata«.

Wie ihr *Das minimale Vokal-Trio* außerdem spielen könnt:

- Ihr könnt das Stück nicht nur mit »relativen« Tonhöhen aufführen, sondern auch wie ein Chorstück (vgl. Version 2 auf S. 30)
- Das Arrangement ist kurz und sehr kompakt gehalten. Ihr könnt es verlängern, indem ihr einen oder mehrere Teile »öffnet«, das heißt, dass ihr z. B. Teil A öfter wiederholt, bevor ihr in Teil B wechselt.
- In Teil A könnte ein Solist eingesetzt werden (vgl. instrumentales Solo auf der CD+). In diesem Fall benötigt ihr allerdings ein Zeichen (Cue), damit ihr wisst, wann Teil B bzw. der Schluss einsetzt. Das kann entweder ein musikalisches Zeichen vom Solisten sein, z. B. ein bestimmter Rhythmus, den ihr gut erkennen könnt und der immer vor dem Wechsel gespielt wird, oder ein Handzeichen von einem Dirigenten.

Wie ihr improvisieren könnt:

Hier passt jede Art von Solo, sei es mit einer Talking Drum oder mit Congas, selbst eine Flöte, Klarinette usw. könnt ihr verwenden (bei Version 2 bietet sich die pentatonische Skala mit den Tönen *d e g a h* an). Besonders gut klingt es, wenn zwei Solisten eingesetzt werden, die in einem Frage-Antwort-Spiel miteinander kommunizieren (vgl. S. 9).

Das minimale Vokal-Trio (Version 1)

Text und Musik: Gerhard Reiter

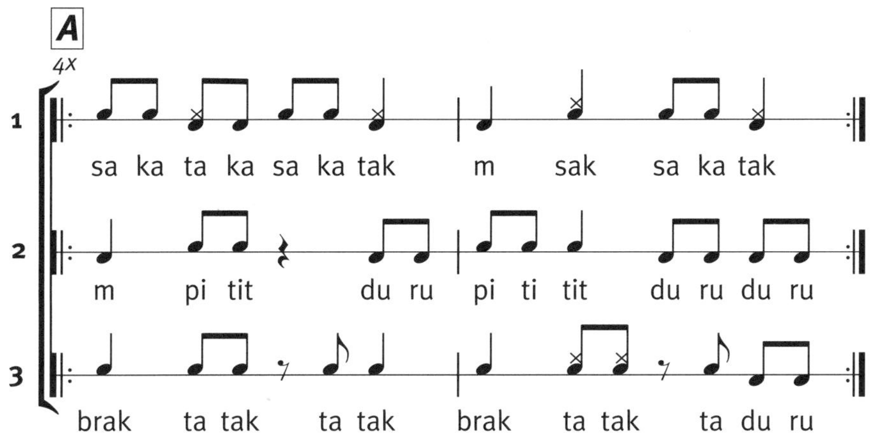

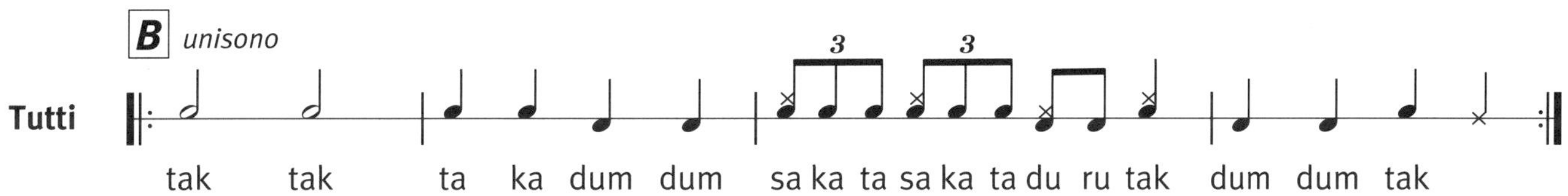

D.C. A

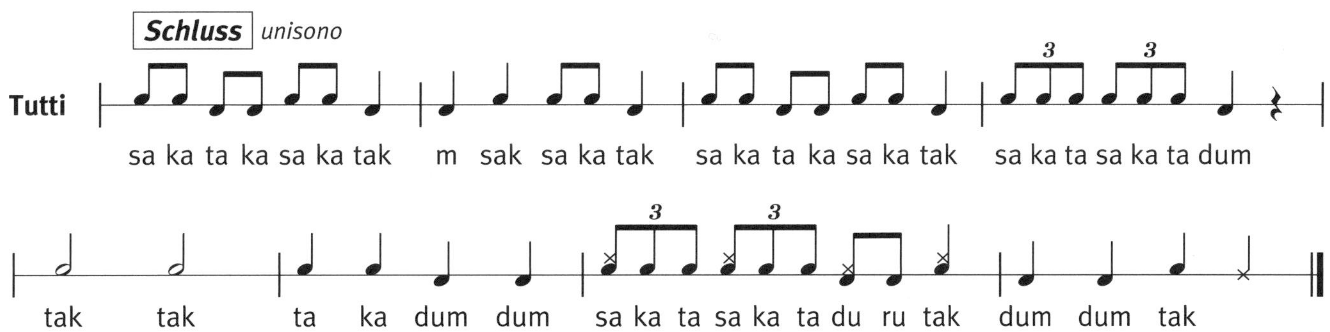

Ablauf

Intro • A • B • A • Schluss

Zeichenerklärung

 hoch sprechen

 tief sprechen

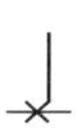 klatschen

 hoch sprechen und klatschen

 tief sprechen und klatschen

Das minimale Vokal-Trio (Version 2)

Text und Musik: Gerhard Reiter

8

Ablauf

Intro • A • B • A • Schluss

Table Games

Instrumente/Klänge

Stimme, Klatschen, Stampfen, Tische
Optional: Trommeln (Congas, Djemben, Cajon, Bongos, Rahmentrommeln)

Info zum Stück

Table Games ist das Stück der Wahl, wenn keine Instrumente zur Verfügung stehen. Ihr werdet staunen, wenn ihr entdeckt, welch tolle Trommeln Tische abgeben können.

Wie ihr den Raum vorbereitet:

Stellt die Tische in eine lange Reihe und nehmt einander gegenüber daran Platz, sodass ihr euch ansehen könnt.
Die Hälfte einer Seite übernimmt Stimme 1, die gegenüber sitzenden Schüler Stimme 3. Die andere Hälfte der Tischreihe spielt Stimme 2, die Leute gegenüber Stimme 4.

So erarbeitet ihr das Stück:

1. Das Stück soll gespielt *und* gleichzeitig gesprochen werden. Wenn ihr es aber zuerst sprechen lernt, ist das Spielen daraufhin viel einfacher! Zunächst sollten alle jede Stimme lernen. Sprecht also zusammen Stimme 1, 2, 3, 4 abschnittweise mehrmals hintereinander, wobei die Viertel mitgestampft werden.
2. Nehmt dann die Klatsch- und Schlagklänge dazu. Übt die Teile einzeln und sprecht und spielt dabei immer gleichzeitig.
3. Übt als nächsten Schritt zweistimmig: Stimme 1 und 2 zusammen und Stimme 3 und 4 zusammen.
4. Erst jetzt spielt ihr alle vier Stimmen gleichzeitig, zunächst Abschnitt für Abschnitt, dann in der gesamten Form.

Tipps & Tricks

- Achtet darauf, dass der letzte Schlag nach dem Wirbel im vorletzten Takt nicht zu spät kommt. Ihr könnt den Wirbel auch bereits auf Zählzeit 4 beenden, dann ist der Schluss leichter gemeinsam zu erwischen.
- Für den Beginn kann einer von euch als »Einzähler« einen Takt (= 4x) stampfen, bevor es für alle losgeht.

Wie ihr *Table Games* außerdem spielen könnt:

Statt immer gleichzeitig zu sprechen und zu spielen, könnt ihr auch:

1. nur sprechen
2. nur spielen
3. eine Kombination daraus aufführen (z.B. erstes Mal gesprochen, zweites Mal gespielt)

Welche Instrumente ihr einbauen könnt:

Falls ihr Trommeln zur Verfügung habt, könnt ihr diese in das Stück einbauen. Spielt für »Schlagen auf den Tisch« den Klang *dum* und für »Klatschen« den Klang *tak* (zur Spieltechnik vgl. S. 4ff.). Gibt es ausreichend Trommeln, kann jeder von euch ein Instrument nehmen, aber es ist auch ein guter Effekt, wenn nur ein Spieler pro Gruppe trommelt.
Achtung: Für die zweite und dritte Stimme müsst ihr Instrumente verwenden, bei denen die linke Hand die gleichen Schläge ausführen kann wie die rechte (Conga, Djembe, Cajon, Bongos), die Stimmen 1 und 4 können dagegen auch auf Rahmentrommeln gespielt werden. Wenn ihr die Rahmentrommeln zwischen die Beine klemmt, könnt ihr allerdings auch die Stimmen 2 und 3 darauf spielen.

9

Table Games

Text und Musik: Gerhard Reiter

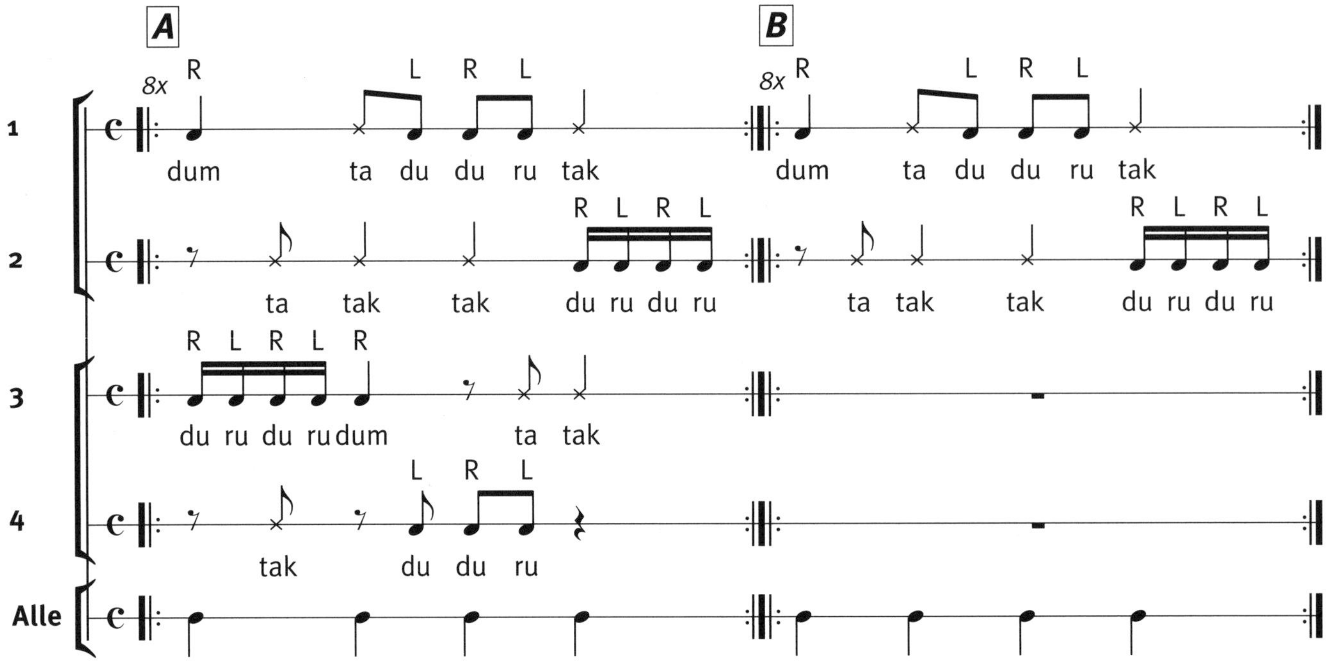

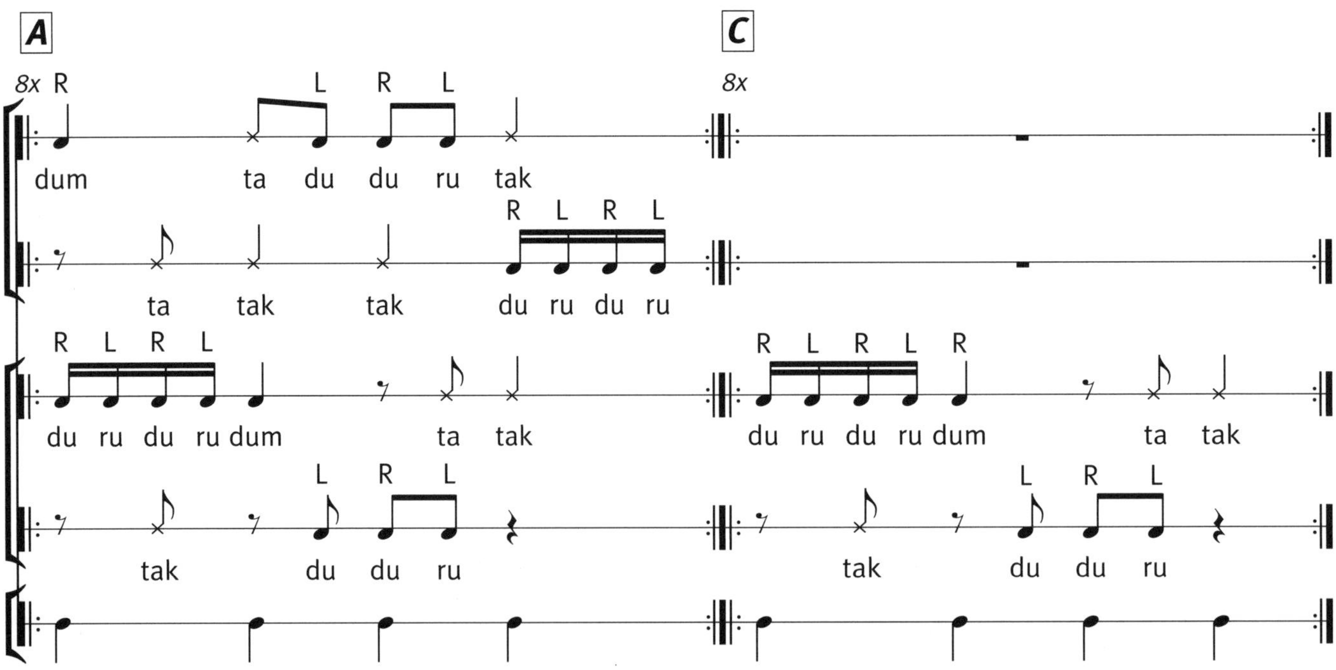

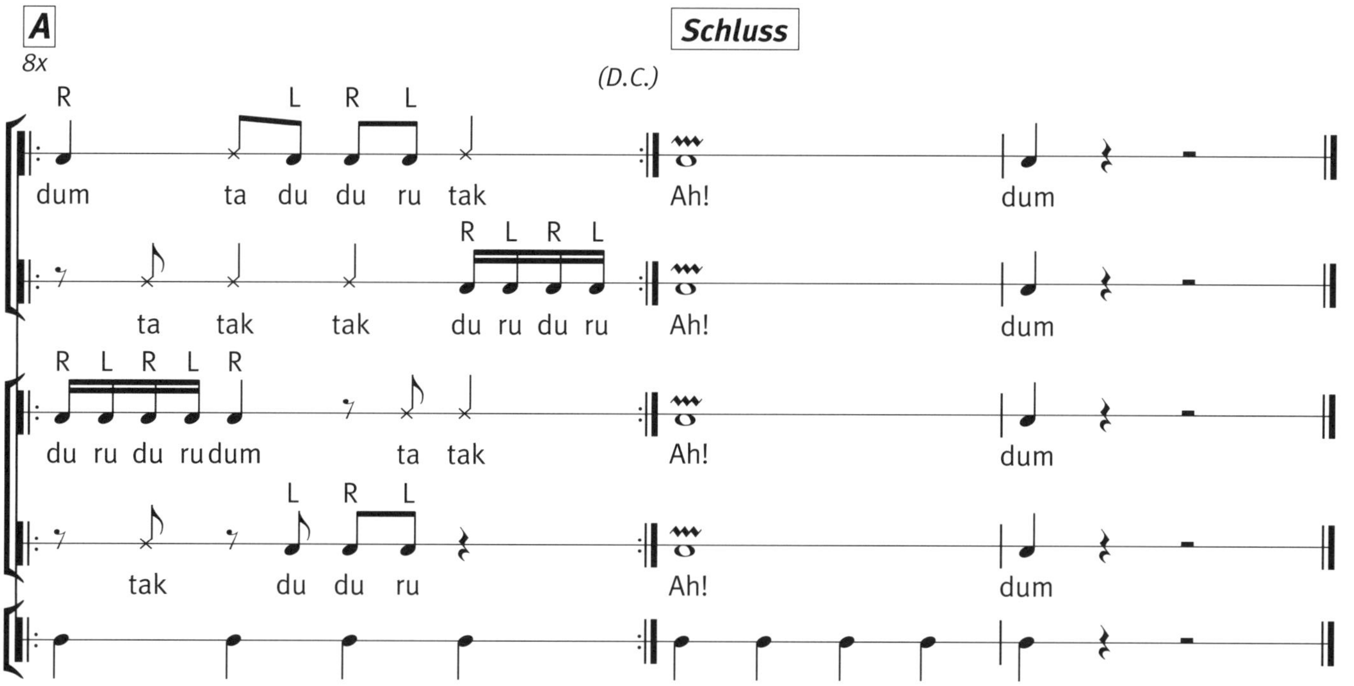

Ablauf

A • B • A • C • A • Schluss

Zeichenerklärung

- auf den Tisch schlagen und sprechen
- sprechen und klatschen
- schnelles Trommeln mit den Fingerspitzen oder Händen an der Tischkante
- stampfen

Pizzabäcker

Instrumente/Klänge

Stimme, Tische, Stühle, Pfannen und andere Alltagsgegenstände
Optional: Trommeln, Percussion-Instrumente

Die Pizza-Geschichte

Ihr backt alle zusammen eine Pizza. Zuerst wird Mehl auf den Tisch gestreut, damit der Teig nicht anklebt. Dann bereitet ihr den Pizzaboden vor und legt Schinken und Käse darauf. Anschließend könnt ihr hinzufügen, was immer ihr wollt. Wenn die Pizza fertig belegt ist, schiebt ihr sie in den Ofen. Ihr kehrt die Krümel zusammen und werft sie mit einer gezielten Bewegung in den Mülleimer.

Wie ihr den Raum vorbereitet:

Jeder von euch sucht sich einen Alltagsgegenstand, der »betrommelt« werden kann: Tisch, Stuhl, Buch, Pfanne, Mappe, Getränkedose etc.
Damit setzt bzw. stellt ihr euch an euren Platz.

So erarbeitet ihr das Stück:

1. Übt zuerst gemeinsam das »Mehlstreuen« (Intro), indem ihr mit einer Handfläche über euer Alltagsinstrument wischt.
2. Bildet drei Gruppen: Die erste Stimme spielt den Pizzaboden (Teil A), die zweite Stimme legt Käse darauf (Teil B). Falls ihr keinen Käse mögt, könnt ihr statt »Käse mmhh« auch »Käse bäh« sagen. Sobald die ersten beiden Stimmen sicher sind, fügt die dritte Gruppe noch Schinken hinzu (Teil C). Sprecht jede Stimme deutlich artikuliert und spielt ganz genau im Takt!
3. Übt anschließend den Schluss. Schaut dabei den Ensembleleiter an, der euch während des Krümel-Zusammenfegens das Zeichen zum letzten, exakten Schlag gibt (Abfall in den Mülleimer werfen).
4. Setzt nun die Teile zusammen. Wenn das gut funktioniert, kann der Solist dazuspielen (Teil D). Für jede Runde wird ein neuer Solist bestimmt.

Tipps und Tricks

- Sprecht den Text immer laut mit!
- Beobachtet bei allen Aktionen den Ensembleleiter, der mit deutlichen Handzeichen den Übergang zu jedem neuen Teil anzeigt.
- Solltet ihr beim Spielen immer schneller werden (was leicht passieren kann), stellt euch vor, ihr hättet eben eine riesige Pizza verspeist und sollt nun eine weitere für einen Freund backen. Vergegenwärtigt euch dabei, *wie* satt ihr seid!

Wie der Solist improvisieren kann:

- Der Solist hat alle Freiheiten: Er kann auf allen Gegenständen oder Instrumenten spielen, die zur Verfügung stehen, muss dabei aber aufpassen, dass er die anderen nicht aus dem Rhythmus wirft.
- Eine weitere Möglichkeit ist, alles, was er/sie gerne isst, »sprechend« auf die Pizza zu trommeln (z. B. Mozzarella, Salami, Champignons ...). Je komplizierter, desto interessanter (aber auch schwieriger ...)!

Welche Instrumente ihr einbauen könnt:

Anstelle der Alltagsgegenstände oder zusätzlich könnt ihr Percussion-Instrumente verwenden. Am besten klingt es, wenn:
Stimme 1 mit Felltrommeln,
Stimme 2 mit hohen und
Stimme 3 mit tiefen Instrumenten gespielt wird.

Pizzabäcker

Text und Musik: Gerhard Reiter

10/16

26

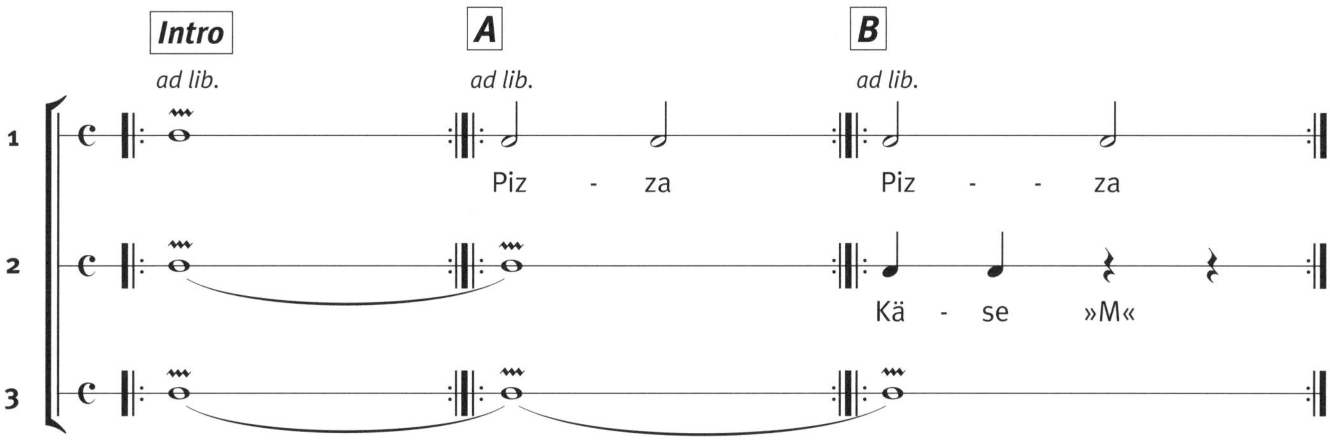

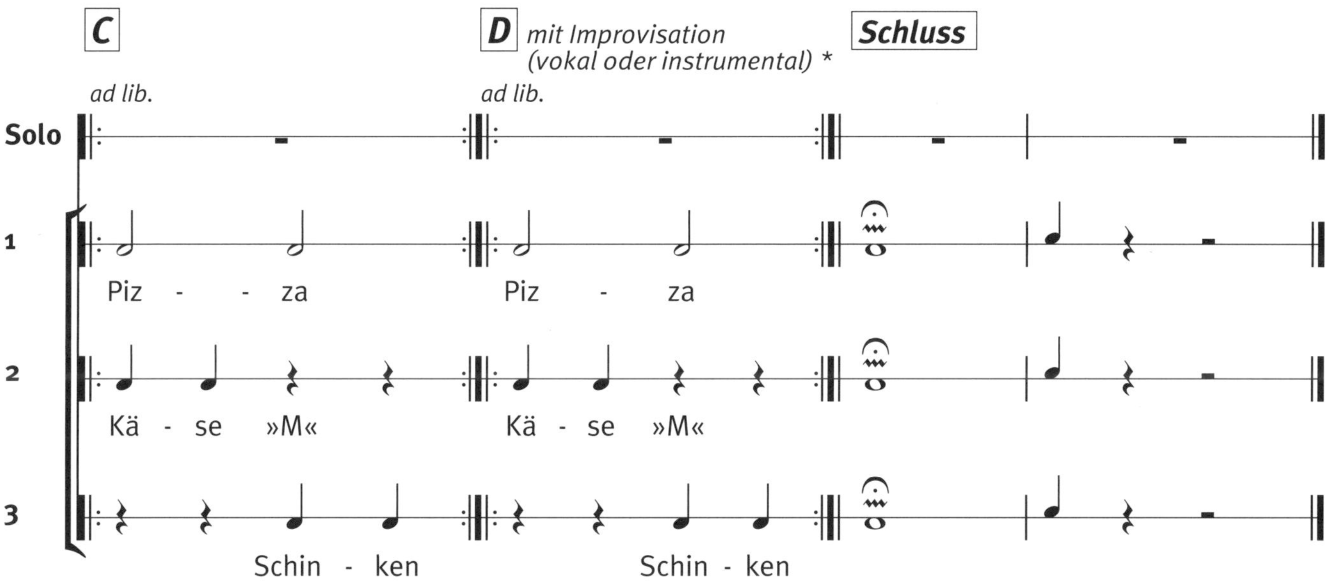

Ablauf

Intro • A • B • C • D • Schluss

*Improvisationsanregung (vokal)

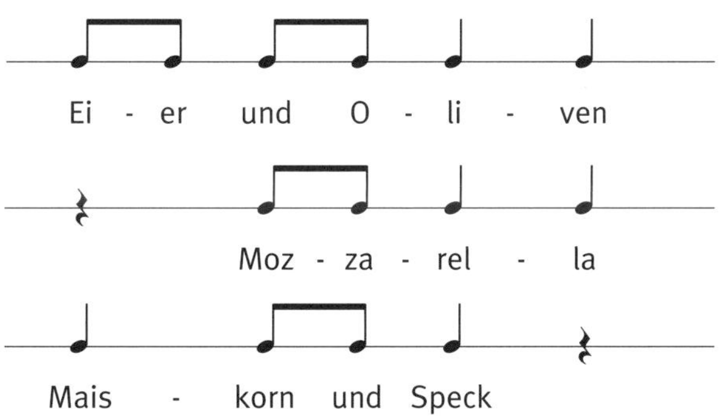

Zeichenerklärung

 mit der Handfläche auf »Instrument« (Alltagsgegenstand) wischen

 sprechen und klingende Schläge

 Fingerwirbel

 abgedämpfter Schlag mit der ganzen Hand

Power Change 2

Instrumente/Klänge

Stimme, Klatschen, Tische

Info zum Stück

Power Change 2 ist eine Steigerung zu *Power Change 1* und für eure Koordinationsfähigkeiten eine echte Herausforderung.

Wie ihr den Raum vorbereitet:

Stellt die Tische in eine lange Reihe und nehmt einander gegenüber daran Platz, sodass ihr euch ansehen könnt. Die Hälfte einer Seite bildet Stimme 1, die gegenüber sitzenden Schüler Stimme 3. An der anderen Tischhälfte sitzen sich die Stimmen 2 und 4 gegenüber.

So erarbeitet ihr das Stück:

1. Macht euch vorab mit den verschiedenen Stimm- und Klatschklängen vertraut. *Tik* wird mit hoher Stimme gesprochen, *tak* mit mittlerer und *du ru/dum* mit tiefer Stimme. Einen hohen Klatschklang erzielt ihr, wenn die Fingerspitzen der rechten Hand auf die flache linke Hand schlagen (bei Linkshändern umgekehrt); tiefe Klatscher entstehen, wenn ihr mit hohlen Händen (wie zwei Halbkugeln) klatscht.
2. Übt zunächst Rhythmus 1, der nur gesprochen wird: Zuerst jede Stimme einzeln, dann vierstimmig (wenn die vierstimmige Version für euch noch zu schwierig ist, könnt ihr euch zunächst auch auf zwei Stimmen beschränken).
3. Übt dann gemeinsam die Intro, am besten zunächst in Abschnitten von je einem halben Takt.
4. Bevor ihr beide Teile verbindet, trainiert gut den Übergang von der Intro zu Rhythmus 1.
5. Verfahrt ebenso mit den Rhythmen 2 und 3.

Tipps & Tricks

- Bevor ihr zwei Rhythmen verbindet, müsst ihr beide wirklich sicher beherrschen. Am besten ist es, sie auswendig zu lernen.
- Beachtet beim Schlagen auf den Tisch den Handsatz (R = rechte Hand, L = linke Hand). Das wird euch helfen, die Rhythmen sicher zu spielen, auch in großer Geschwindigkeit.
- Wenn ihr Schwierigkeiten mit den unterschiedlichen Klatschklängen habt, könnt ihr das tiefe Klatschen auch durch einen Brustschlag ersetzen.

Zum Ablauf:

Power Change 2 hat eine klare, sehr kompakte Form. Ihr spielt jeden der drei Rhythmen hintereinander je 4x oder, wenn ihr wollt, 8x. Davor, dazwischen und danach kommt jeweils der Intro-Teil (= Zwischen-/Schlussteil). Die gesamte Form ist demnach:
Intro • Rhythmus 1 • Zwischenteil • Rhythmus 2 • Zwischenteil • Rhythmus 3 • Schluss

Wie ihr *Power Change 2* außerdem spielen könnt:

Das Stück ist in seiner originalen Form relativ kurz. Um es zu verlängern, müsst ihr einen Ensembleleiter bestimmen, der euch Cues (Zeichen) gibt, damit ihr wisst, wann ein Rhythmuswechsel stattfinden soll.

Zwei Beispiele zur Erweiterung:

1. Ihr behaltet die Grundform bei, spielt aber die Rhythmen nicht nur vier- oder achtmal, sondern solange es euch gefällt. Vor jedem Wechsel gibt euch der Ensembleleiter Cue 1, daraufhin kommen die Intro und fortlaufend der nächste Teil.
2. Wenn ihr frei zwischen den einzelnen Teilen hin und her wechseln wollt, sie auch mehrmals spielen wollt, gibt euch der Ensembleleiter verschiedene Cues: Cue 1 bedeutet Wechsel zu Rhythmus 1, Cue 2 Wechsel zu Rhythmus 2 und Cue 3 erklingt, wenn zu Rhythmus 3 gewechselt werden soll.

Zeichenerklärung

- hoch sprechen
- mittel sprechen
- tief sprechen
- hoch klatschen
- tief klatschen oder Schlag auf die Brust
- L/R auf den Tisch schlagen (nur, wenn mit Handsatz versehen)

Power Change 2

Text und Musik: Gerhard Reiter

11/17

Intro/Zwischenteil/Schluss

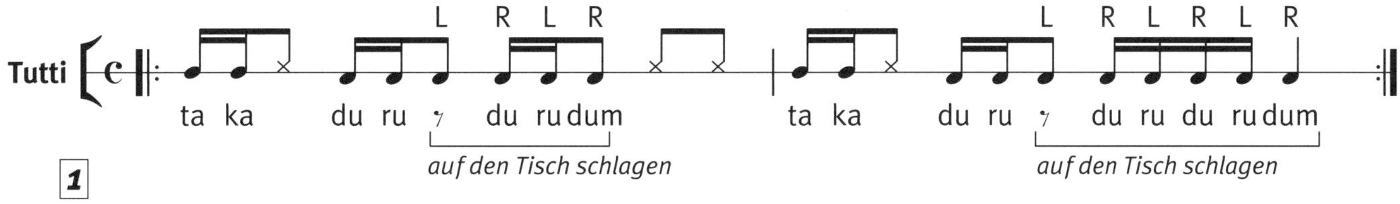

1

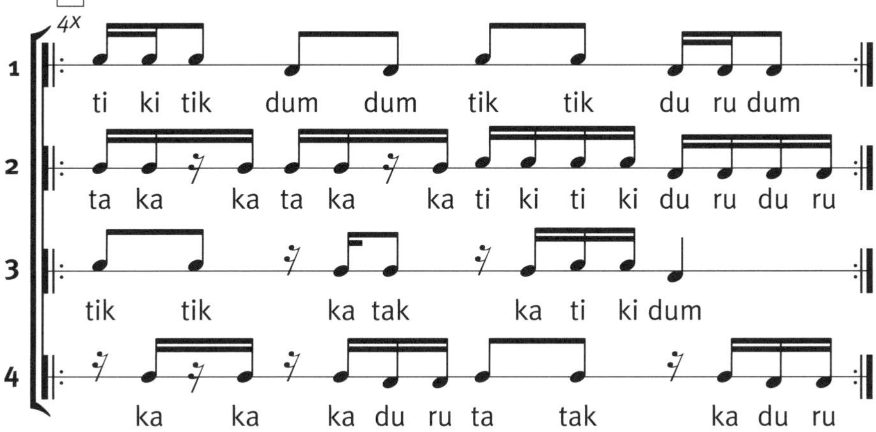

folgt **Zwischenteil**

2

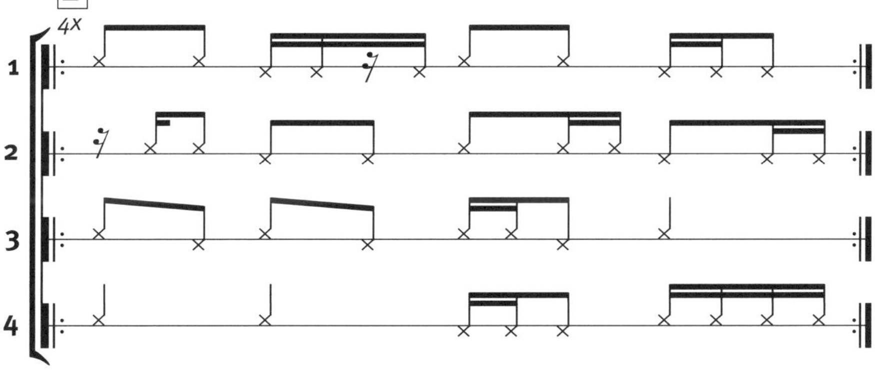

folgt **Zwischenteil**

3

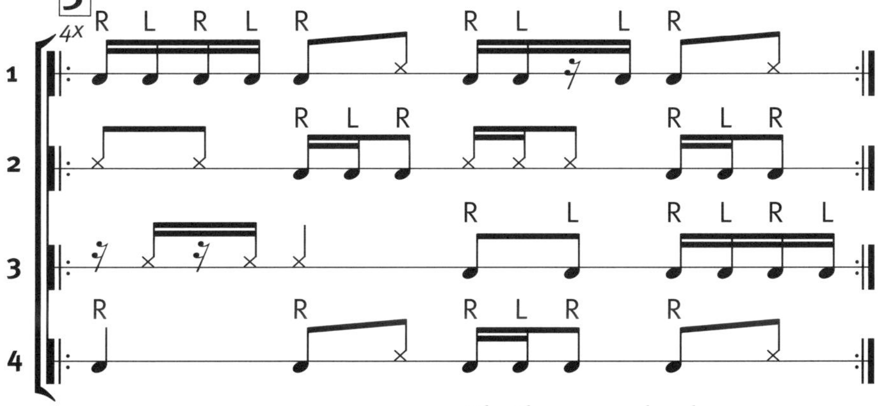

folgt **Schluss**

Rhythmuswechsel

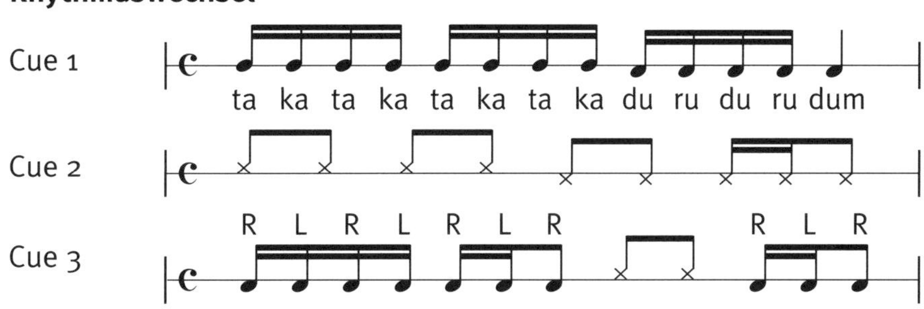

Zeichen (Cues)

In der erweiterten Fassung spielt der Ensembleleiter diese Cues zur Einleitung eines neuen Rhythmus (vgl. »Wie ihr *Power Change 2* außerdem spielen könnt«).

Pharao

Instrumente/Klänge

Stimme, Klatschen
Optional: Small-Percussion (Rasseln, Metallschellen, Triangel, ...), Trommeln, Alltagsgegenstände

Info zum Stück

Die Alten Ägypter waren ein mächtiges Volk, und ihr Herrscher – der Pharao – wurde sogar als Gott angesehen. Neben ihm verehrten die Ägypter aber noch unzählige andere Gottheiten, wie z.B. den Sonnengott Ra, die Fruchtbarkeitsgöttin Hathor, die Mutter- und Himmelsgöttin Isis und den obersten Gott Osiris. Zu den bekanntesten Pharaonen zählen z.B. Amenhotep, Tutenchamun oder Ramses.

Wie ihr den Raum vorbereitet:

Ihr braucht ausreichend Platz, um den Chor (ca. ein Drittel der Klasse) in einer Linie aufzustellen. Daneben, rechts oder links, stehen die Musiker der Stimmen 1–4, ggf. mit ihren Instrumenten.
Falls ihr *Pharao* szenisch aufführen wollt, müsst ihr einen Gang schaffen, in dem die Musiker auf die Bühne kommen können, z.B. mitten durch die Zuschauer (siehe auch: »Wie ihr *Pharao* außerdem spielen könnt«).

So erarbeitet ihr das Stück:

1. Das Wichtigste ist: Übt langsam, Teil für Teil. Nehmt euch zuerst die einstimmigen Teile vor, das sind Intro, B'-Teil und Schluss. Danach folgt Teil B.
2. Dann lernt ihr die vier einzelnen Stimmen von Teil A und C und setzt sie zusammen. Diejenigen von euch, die später den Chor bilden werden, können in A und C zur Verstärkung mitüben, das ist ein gutes Training.
3. Lasst am Anfang die Instrumente weg und klatscht nur in den Teilen, die später durch Instrumente verstärkt werden können.
4. Wenn ihr die Teile einzeln gut beherrscht, trainiert die Übergänge.

Tipps & Tricks

- Bei diesem Stück ist es extrem wichtig, dass ihr gut aufeinander hört, vor allem in Teil A und C. Trainiert also besonders gut die vier einzelnen Stimmen in diesen Teilen. Beim Zusammenspiel könnt ihr euch am besten an der ersten Stimme orientieren.
- Die Chorstellen müssen sehr perkussiv, also mit kurzen, prägnanten Silben gesprochen werden, fast maschinenartig. Dies gewährleistet besseren Zusammenhalt.
- Besonders eindrucksvoll wird das Stück, wenn ihr immer dann, wenn das Wort »Pharao« vorkommt, genaue Tonhöhen singt, z.B.:
  »Pha« = g1, »ra« =f1, »o« = g1.

Zum Ablauf:

Das Stück hat eine feste Form, solltet ihr aber das Gefühl haben, ihr könnt euch so viel auf einmal nicht merken, dann lasst zunächst die vierstimmigen Teile A und C weg. Ihr könnt sie später, wenn ihr euch sicher fühlt, einbauen.
Solltet ihr andererseits das Stück verlängern wollen, könnt ihr die B-Teile noch einmal nach dem C-Teil spielen und erst danach direkt in den Schluss übergehen.

Wie ihr *Pharao* außerdem spielen könnt:

Diese Komposition eignet sich für eine witzige, sehr effektvolle szenische Gestaltung. Dazu bedarf es folgender Elemente:

1. Kostüme
Um Alte Ägypter darzustellen, benötigt ihr ein Stück weißen Stoff (zum Beispiel ein Bettlaken), ein weißes T-Shirt und ein Handtuch. Den Stoff wickelt ihr um eure Hüften, das T-Shirt zieht ihr an (im Sommer können die Jungen auch mit nacktem Oberkörper auftreten!), und das Handtuch legt ihr quer über den Kopf und klemmt die herunterhängenden Seiten hinter die Ohren.

2. Ausdruck und Haltung
Um das Geheimnisvolle und die Macht des Alten Ägypten darzustellen, müsst ihr sehr würdevoll, mit ernster Miene, auftreten. Wenn ihr euch bewegt, dann schreitet mit gleichmäßigen, festen Schritten.

3. Choreografie des B-Teils
Der Chor kann sich bei der Aufführung während des B-Teiles folgendermaßen bewegen: Stellt euch in einer Reihe am Bühnenrand auf, mit dem Gesicht frontal zum Publikum, allerdings schauen beide Fußspitzen nach links (!), und der linke Arm ist angewinkelt angehoben und zeigt über eure linke Fußspitze.
Nun macht ihr im Viertelnotenrhythmus Schritte nach links (immer links rechts abwechselnd), bis zum letzten Takt der ersten Strophe (»Pharao«). Im Viertelnotenrhythmus dreht ihr euch mit vier Schritten um (re, li, re, li) und führt in der nächsten Strophe dieselbe Bewegungsfolge nach rechts aus (rechtes Bein beginnt, rechter Arm zeigt über den rechten Fuß, Gesicht bleibt aber frontal dem Publikum zugewendet).
Auf diese Weise könnt ihr während des B-Teiles zweimal am Bühnenrand hin und her gehen.

4. Ablauf der Performance
Die Musiker der Stimmen 1–4 treten würdevoll auf, während sie die Intro immer und immer wieder spielen. Sie schreiten gemessen an ihren Platz an der Bühnenseite, und wenn sie ihre Position erreicht haben, spielen sie den A-Teil.
Während des A-Teiles kommt der Chor mit dem beschriebenen »Ägypterschritt« von der Seite auf die Bühne in Richtung Bühnenmitte und stellt sich dort in einer Linie auf. Es folgt Teil B mit Bewegung des Chores (vgl. »Choreografie«); bei Teil B' und C bleibt der Chor unbeweglich stehen.
Der Schlussteil wird für den Abgang verwendet, z. B. nach hinten oder zu den Seiten; er muss daher öfter gespielt werden und verklingt langsam hinter der Bühne, wenn der Letzte abgegangen ist.

Das ist nur eine von vielen Möglichkeiten. Vielleicht findet ihr noch andere!

Welche Instrumente ihr einbauen könnt:

Ihr könnt alles verwenden, was scheppert, besonders geeignet sind metallische Klänge wie z. B. Schellentrommel, Triangel oder zwei Topfdeckel, die wie Becken aneinander geschlagen werden. Gut klingt es, wenn auch einige Felltrommeln dabei sind, die mit der Hand oder einem Stick gespielt werden können. Bedenkt nur, dass ihr sie mit euch tragen und gleichzeitig spielen müsst, falls ihr euch bewegt. Nehmt deshalb entweder Trommeln, bei denen das leicht geht, z. B. Rahmentrommeln, oder befestigt größere Instrumente mit einem Gurt am Körper.

Pharao

Text und Musik: Gerhard Reiter

12

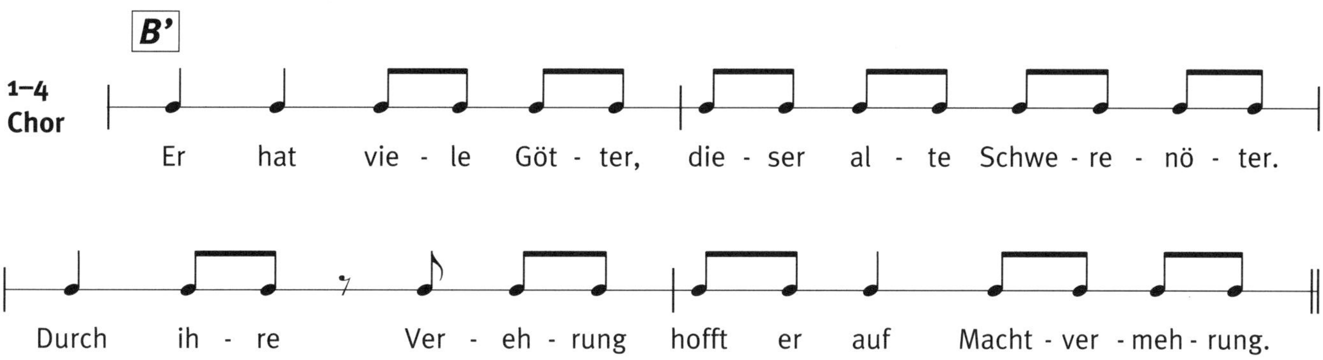

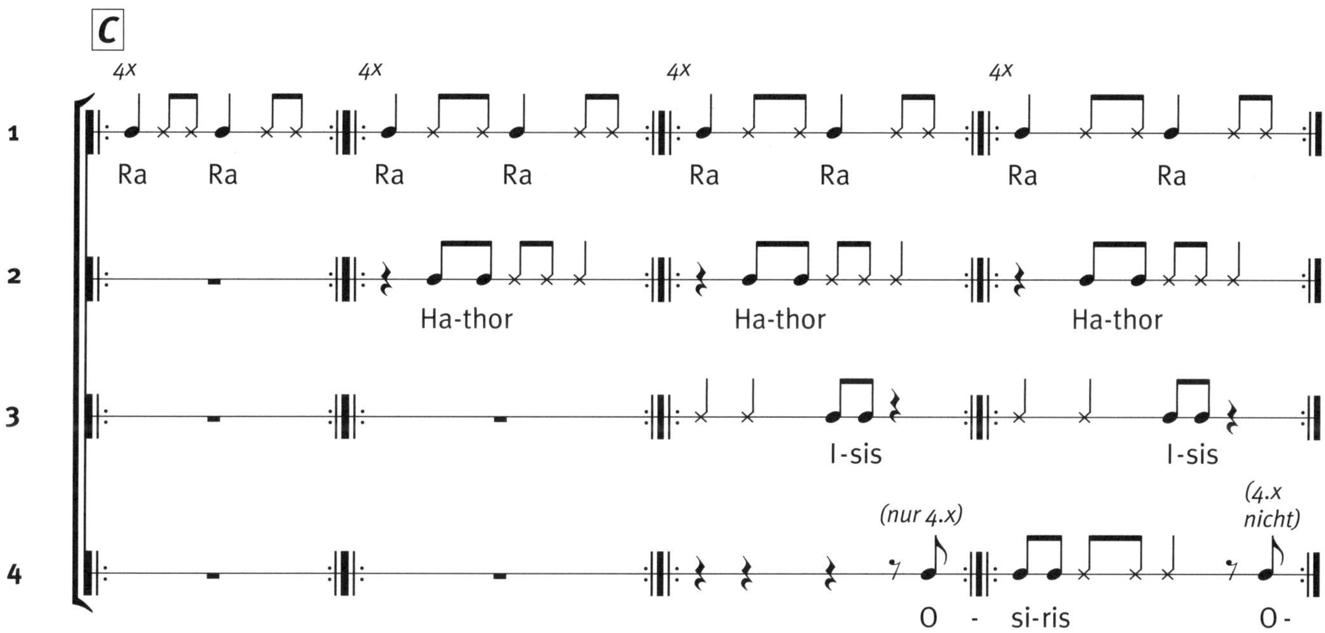

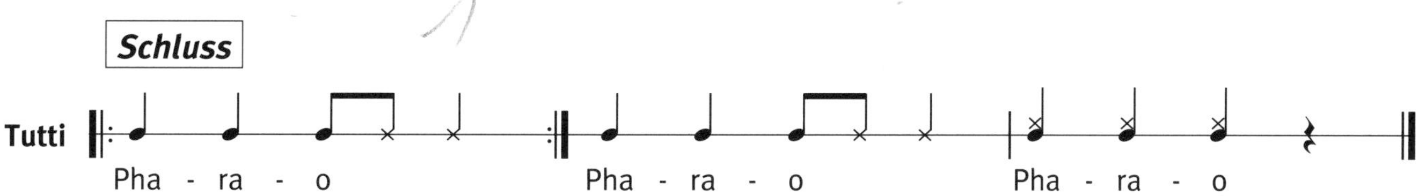

© Helbling

Ablauf

Intro • A • B • B' • C • Schluss

Zeichenerklärung

sprechen

klatschen/spielen

sprechen und klatschen/spielen

Krawall-Pizza

Instrumente/Klänge

Stimme, drei Glocken sowie alles, was Krach macht
Optional: Alltagsgegenstände, Trommeln

Info zum Stück

Manchmal hat man Lust, so richtig albern zu sein, sich auszutoben und andere Leute zu verblüffen. Mit diesem Stück wird euch das gelingen!

Wie ihr den Raum vorbereitet:

Bildet einen Halbkreis und nehmt den Erzähler in die Mitte, sodass er (dem Publikum zugewandt) mit dem Rücken vor den anderen steht. Die Glockenspieler reihen sich hinter dem Erzähler in die Mitte des Halbkreises ein, damit sie von allen gut gehört werden können.

So erarbeitet ihr das Stück:

Das Stück hat mehrere Teile und viel Text. In Teil A habt ihr zudem die Wahl zwischen zwei Text-Versionen. Übt zunächst die Sprechstimmen in kürzeren Abschnitten von wenigen Takten so lange, bis ihr sie sicher auswendig könnt. Hängt erst dann die Teile aneinander.

Tipps & Tricks

- Die hohe und die tiefe Glocke bestimmen das Tempo. Achtet gut auf sie, damit ihr nicht schneller oder langsamer werdet.
- Die mittlere Glocke betont hauptsächlich den Text. Je besser der Spieler den Text kennt, umso leichter ist der Rhythmus zu spielen.
- Vergesst nicht, dass ihr mit diesem Stück eine Geschichte erzählt! Verändert also bei Fragen und Ausrufen die Stimme dem Inhalt entsprechend und achtet auf die vorgegebenen Tempowechsel in den ritardando-Takten!
- Meist gibt die tiefe Glocke die Übergänge an. Hört genau auf sie!

Welche Instrumente ihr einbauen könnt:

In den zwei »Krawall-Takten« (»Wirbel ad lib.«) könnt ihr mit allem Lärm machen, was euch in die Hände fällt, aber natürlich auch mit der Stimme.
Im übrigen Stück könnt ihr euren gesprochenen Wort-Rhythmus auch durch Spielen von Alltagsgegenständen oder Trommeln unterstützen. Ihr habt völlige Freiheit bei der Instrumentenwahl und Tonerzeugung, da ihr ja nur einen Klang benötigt.

Krawall-Pizza

Text und Musik: Gerhard Reiter

13

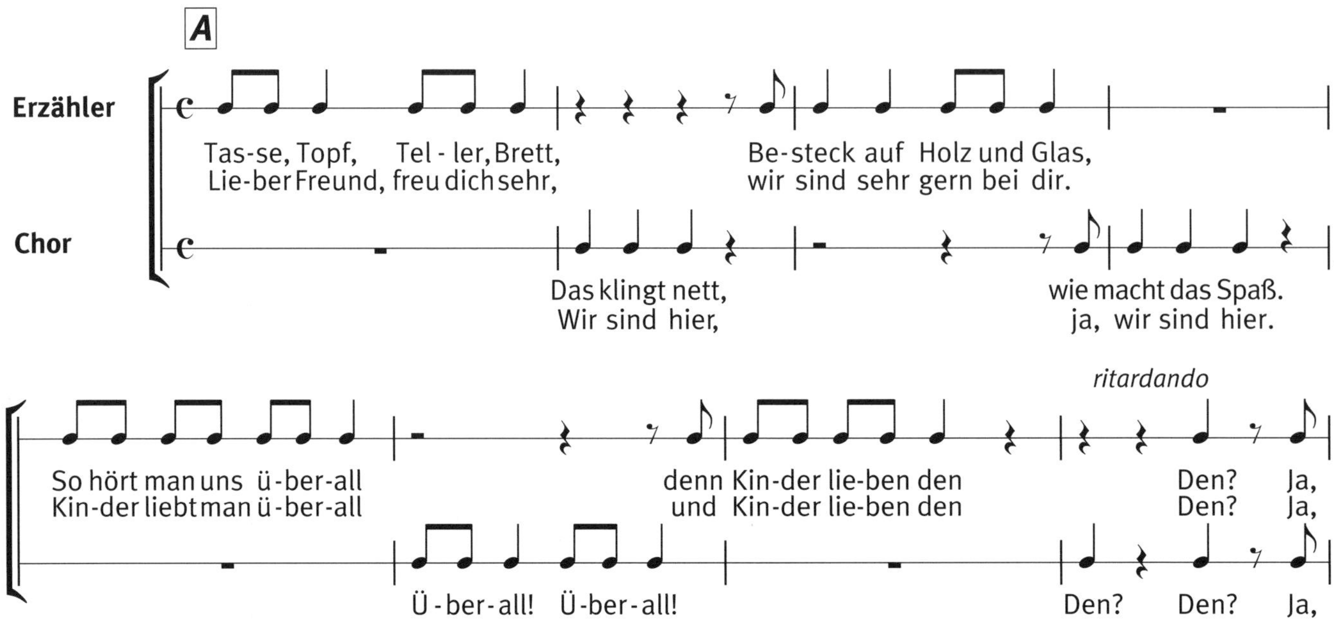

im Tempo
Wirbel ad lib.
Kin - der lie - ben den Kra - wall, den Kra - wall, den Kra - wall!
(Wirbel machen, mit allem, was zur Verfügung steht)
Kin - der lie - ben den Kra - wall, den Kra - wall, den Kra - wall!
B
Erzähler Chor
Stopp!
Kin-der ha-ben auch
Glocke 1 (hoch)
Stopp!
Glocke 2 (mittel)
Stopp!
Glocke 3 (tief)
Erzähler Chor
Hun - ger, ha-ben Hun - ger, ha-ben Hun - ger, viel Hun - ger!
Glocke 1
Glocke 2
Glocke 3
(nur Erzähler)
(alle)
Kin-der es-sen gern Piz - za, wol-len Piz - za, wol-len Piz - za, viel Piz - za:

Ablauf

A • B • C • D

Zeichenerklärung

sprechen (und spielen)

hohen Ton spielen

tiefen Ton spielen

Somehow Tradition

Instrumente/Klänge

Stimme
Optional: Trommeln, Glocke, Alltagsgegenstände

Info zum Stück

Dieses Arrangement basiert auf traditioneller westafrikanischer Musik aus dem Raum Senegal/Burkina Faso. Obwohl es ursprünglich zumeist auf Trommeln (vorzugsweise Djemben) gespielt wird, könnt ihr es in vorliegender Fassung auch als reines Sprechstück gestalten.

Wie ihr den Raum vorbereitet:

Ihr benötigt lediglich so viel Platz, dass ihr bequem stehen (oder sitzen) könnt und den Solisten gut seht.

So erarbeitet ihr das Stück:

1. Die Stimmen 1–3 haben jeweils nur ein ein- bzw. zweitaktiges Rhythmuspattern zu sprechen. Übt zuerst diese Rhythmen in Teil A, bis ihr sie ganz sicher beherrscht, denn sie bilden die Basis der Komposition.
2. Probt nun gemeinsam mit dem Solisten die Intro und den Übergang in den A-Teil. Die Silbe *brak* zu Beginn des Stückes bezeichnet einen sogenannten Vorschlag (engl.: flam); der Klang wird durch das Spiel beider Hände erzeugt, die beinahe gleichzeitig, mit leichter Versetzung, auf das Fell schlagen.
3. Wenn der Solist seine drei Solorhythmen gut beherrscht (die Abschlüsse entsprechen genau demjenigen der Intro), könnt ihr das gesamte Stück versuchen.

Tipps & Tricks

- Um wirklich rhythmisch sicher zu werden ist es günstig, nicht nur den eigenen Rhythmus zu beherrschen, sondern alle Stimmen des Stückes.
- *tak* und *taka* sind die wichtigsten rhythmischen Akzente. Versucht, sie gut zu betonen und beim Spielen auch auf die *tak*- und *taka*-Akzente eurer Mitmusiker zu hören.
- *Achtung:* Der Tutti-Teil der Intro verleitet dazu, den Rhythmus zu verschleppen. Achtet darauf, dass *du dum* nicht zu spät kommt und sprecht es kurz und perkussiv, mit wenig Vokalklang.
- Den D-Teil des Stückes nennt man in der westafrikanischen Musiktradition »Echauffement«, das heißt soviel wie »Aufwärmen« oder »Erhitzen«. In diesem Teil soll die Geschwindigkeit gesteigert werden. Das ist nicht ungefährlich, denn wenn ihr nicht ganz genau auf den Solisten hört und auf ihn reagiert, wird der Satz auseinanderfliegen. Der Solist muss deshalb kontinuierlich, nicht sprungartig die Geschwindigkeit erhöhen.

Zum Ablauf:

Das Stück hat eine klare Form:
Intro • A • B • A • C • A • D • Schluss
Ihr könnt allerdings A–D mehrmals spielen, wobei jeder Durchlauf durch die Temposteigerung in Teil D in schnellerem Tempo erklingt, bis ihr schließlich zum Schluss kommt.
Tipp: Verabredet ein Zeichen, das der Solist gibt, wenn der Schluss gespielt werden soll!

Wie ihr *Somehow Tradition* außerdem spielen könnt:

Dem Stück liegt ein traditioneller westafrikanischer Rhythmus zugrunde, der sehr gut afrikanisches Rhythmusgefühl wiedergibt.
Wenn ihr Intro, Schluss und die Solostimme nicht spielt, sondern nur die Stimmen 1–3, habt ihr eine perfekte Begleitung für afrikanische Lieder im 4/4-Takt (z.B. Si ma ma kaa). Dafür reichen sogar schon die Stimmen 1 und 2 aus.

Welche Instrumente ihr einbauen könnt:

Die Solostimme und die erste und zweite Stimme können auf Felltrommeln umgesetzt werden.
Die Stimme 3 entspricht einem Glockenrhythmus und sollte demzufolge von einer Handglocke (Cowbell) gespielt werden.
Solltet ihr keine Trommeln zur Verfügung haben, sucht euch einen Gegenstand, auf dem ihr die Klänge imitieren könnt, z.B. Bodenplatten von Töpfen, Abfalleimern oder Blumenübertöpfen aus Plastik. Der Solist bekommt auf jeden Fall das am höchsten klingende Instrument.

Somehow Tradition

Text und Musik: Gerhard Reiter

14/15

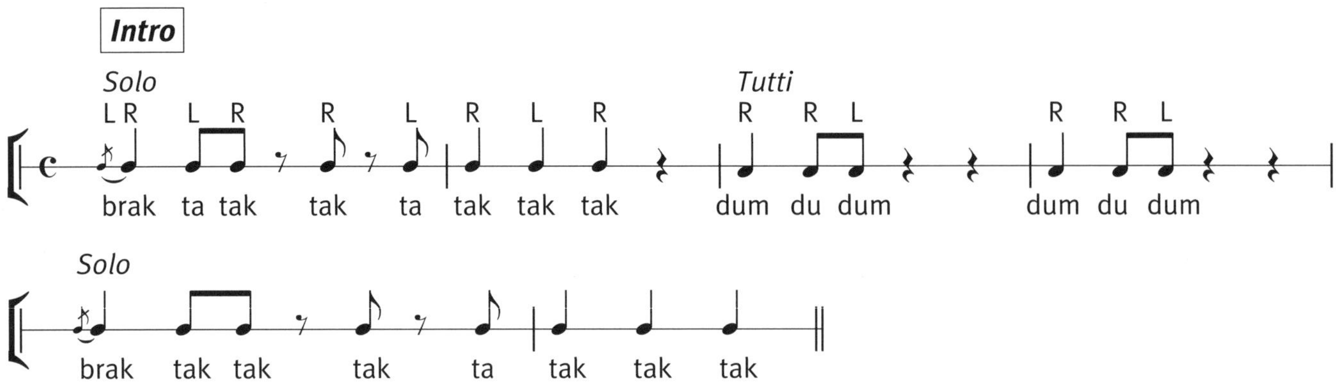

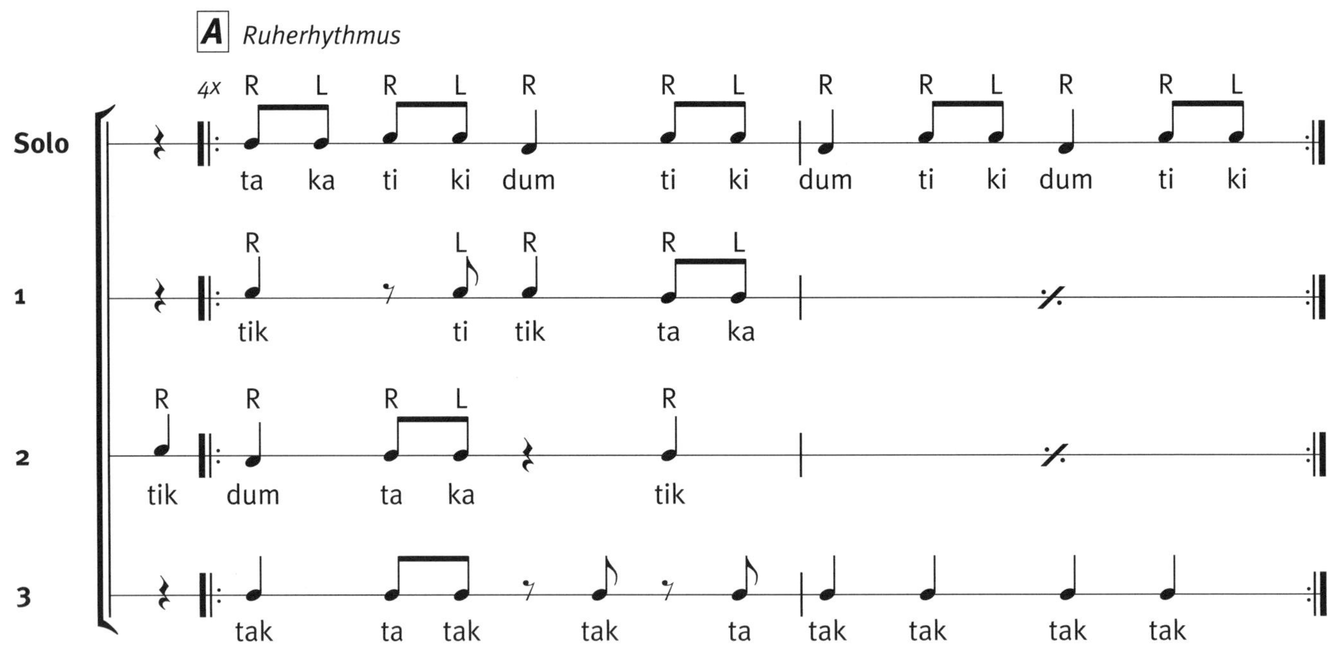

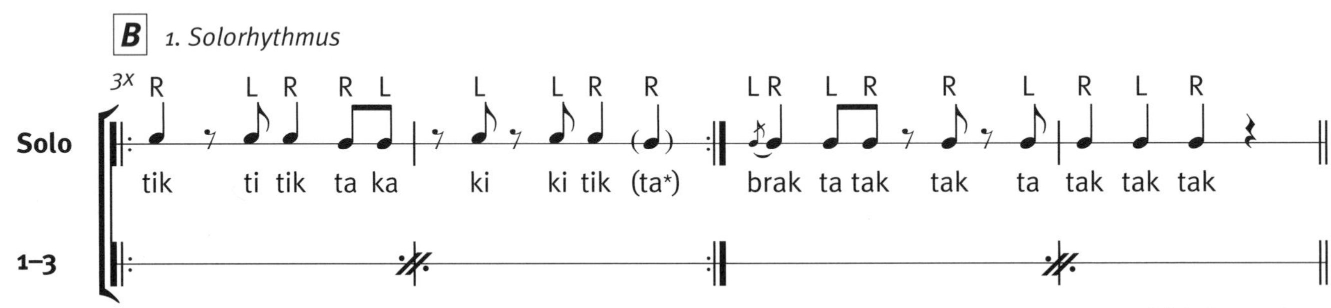

* fällt beim 3. Mal weg

D.C. **A** Ruherhythmus

C *2. Solorhythmus*

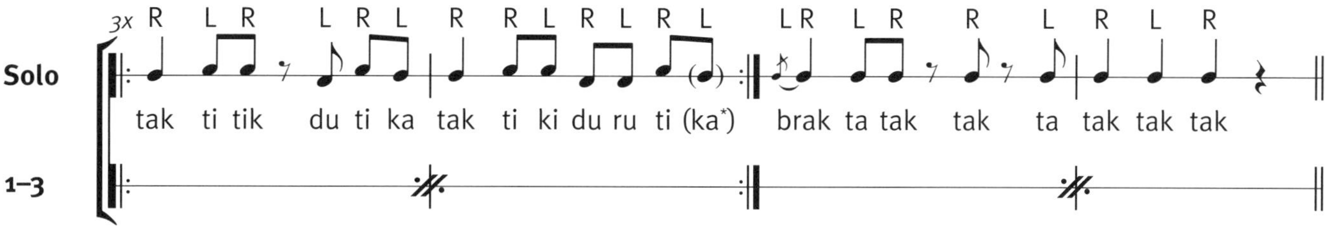

** fällt beim 3. Mal weg*

D.C. **A** *Ruherhythmus*

D *3. Solorhythmus*

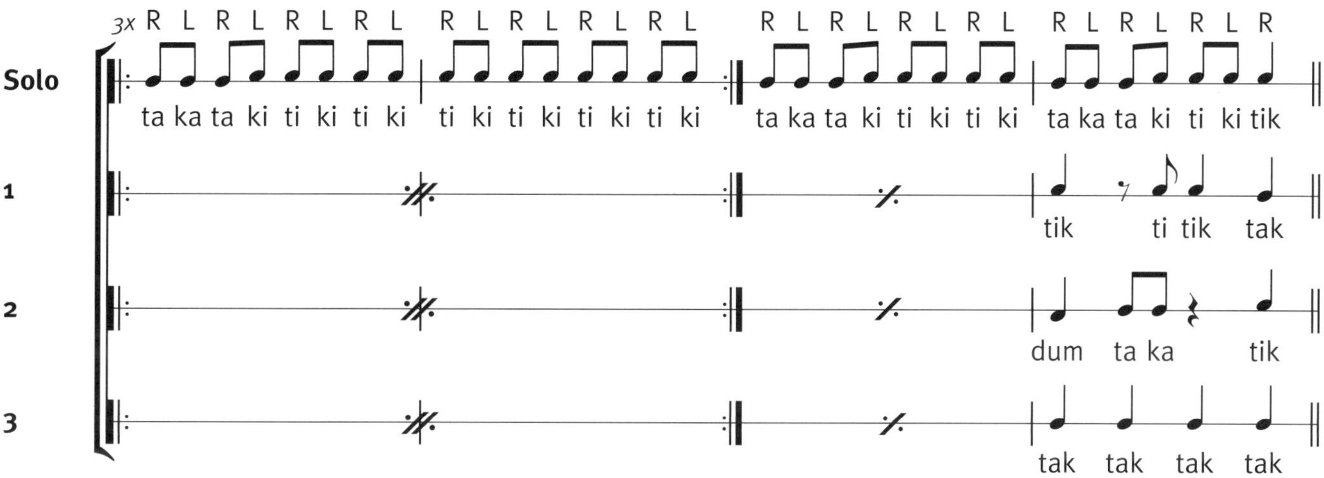

Schluss

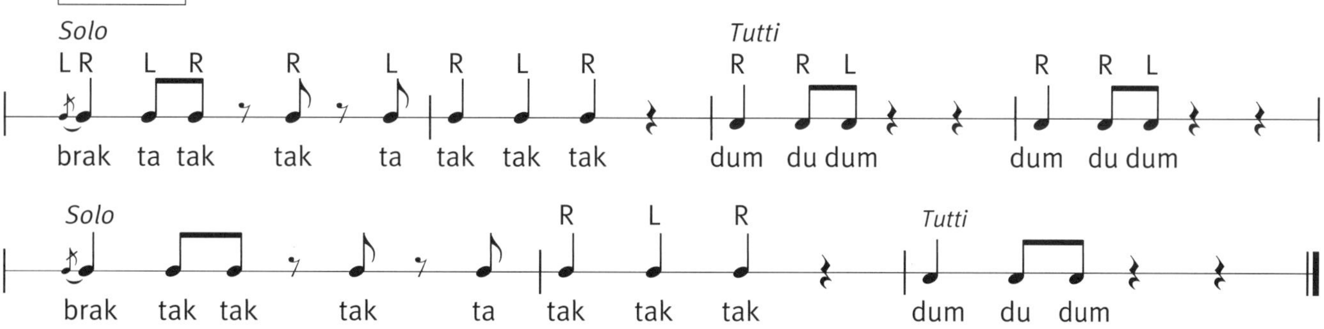

© Helbling

Ablauf

Intro • A • B • A • C • A • D • Schluss

Zeichenerklärung

 hoch sprechen/ hohen Ton spielen

 mittel sprechen/ mittleren Ton spielen

 tief sprechen/ tiefen Ton spielen

Inhalt CD+ (HI-S5575CD)

Originalaufnahmen

1. Cool Rap
2. Hey
3. Basic Beats
4. Volleyball
5. Kung Fu
6. Power Change 1
7. Früchte-Cocktail
8. Das minimale Vokal-Trio (Version 2)
9. Table Games
10. Pizzabäcker (mit vokalem Solo)
11. Power Change 2 (mit Cues)
12. Pharao
13. Krawall-Pizza
14. Somehow Tradition (vokal)

Alternativfassungen

15. Somehow Tradition (instrumental)
16. Pizzabäcker (mit instrumentalem Solo)
17. Power Change 2 (ohne Cues)

Übetracks

18. Basic Beats, Basisgroove Teil A
19. Basic Beats, Basisgroove Teil B
20. Power Change 1, Basisgroove, Rhythmus 1
21. Power Change 1, Basisgroove, Rhythmus 2
22. Power Change 1, Basisgroove, Rhythmus 3
23. Power Change 1, Basisgroove, Rhythmus 4
24. Power Change 1, Basisgroove, Rhythmus 5
25. Das minimale Vokal-Trio, Basisgroove
26. Pizzabäcker, Basisgroove

Videoclips

zu Haltung und Spielweise aller verwendeten Trommeln und Percussion-Instrumente

Redaktion: Andrea Winter
Umschlag: Kassler Grafik-Design, Leipzig
Layout und Notensatz: prima nota, Korbach
Fotos: Kerem Unterberger, Bregenz
Druck: Henkel, Stuttgart

HI–S5574
ISBN 10: 3-85061-298-8
ISBN 13: 978-3-85061-298-2

1. Auflage A1 54321 2010 2009 2008 2007 2006